Alphabet DE Lettres à découper

Sommaire

Publié par Fresh Type Books
1621 Central Ave, Cheyenne, WY 82001, EE. UU.
Première édition : Janvier 2026
Imprimé aux États-Unis d'Amérique

AVERTISSEMENT DE SÉCURITÉ

Ce livre contient des éléments à découper et à coller destinés aux loisirs créatifs. Ne convient pas aux enfants de moins de 3 ans. Risque d'étouffement — petites pièces. Utilisation sous la surveillance d'un adulte recommandée. Utilisez des ciseaux et de la colle avec précaution. L'éditeur décline toute responsabilité en cas de blessure ou de dommage résultant de l'utilisation de ce livre.

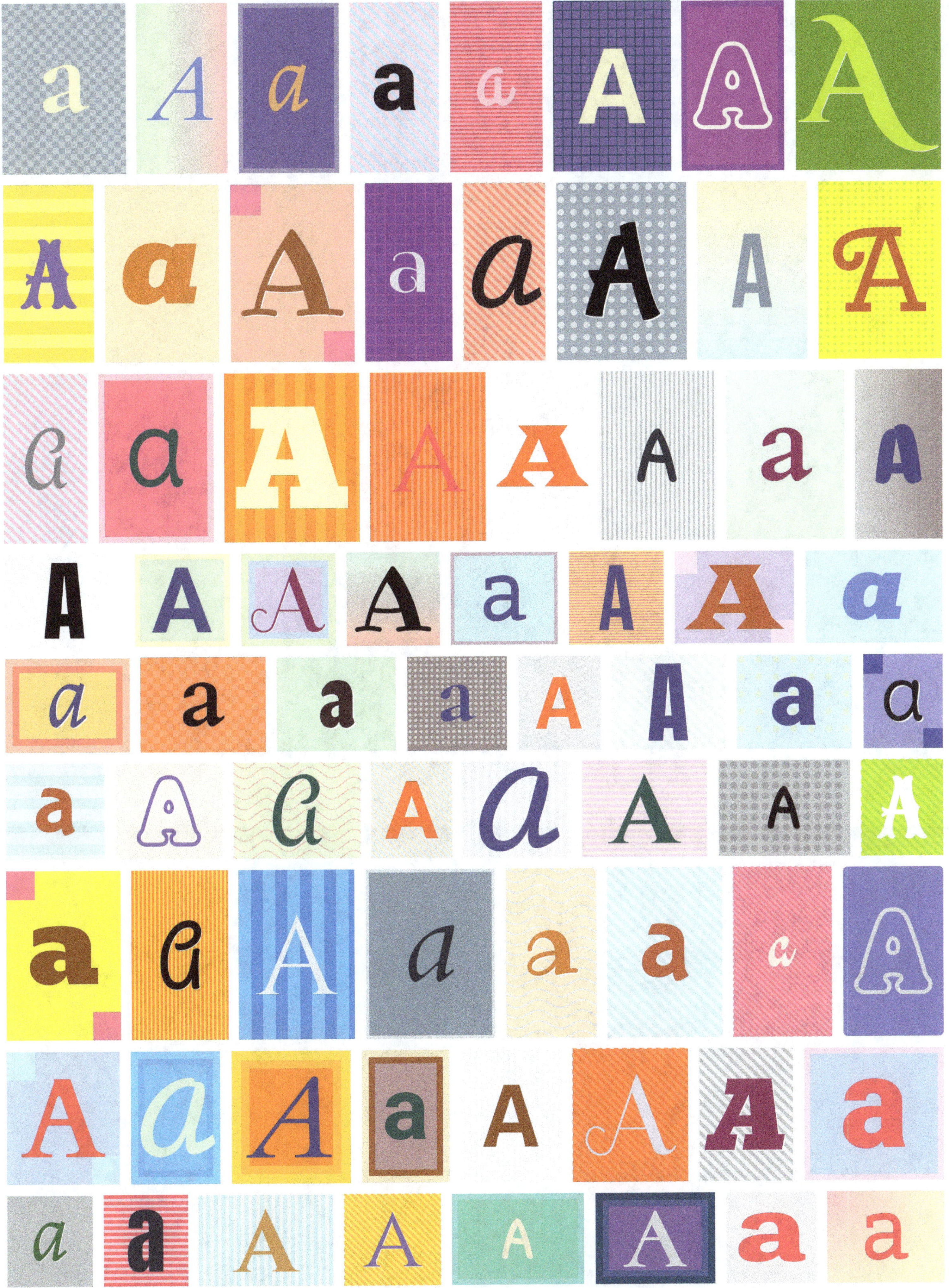

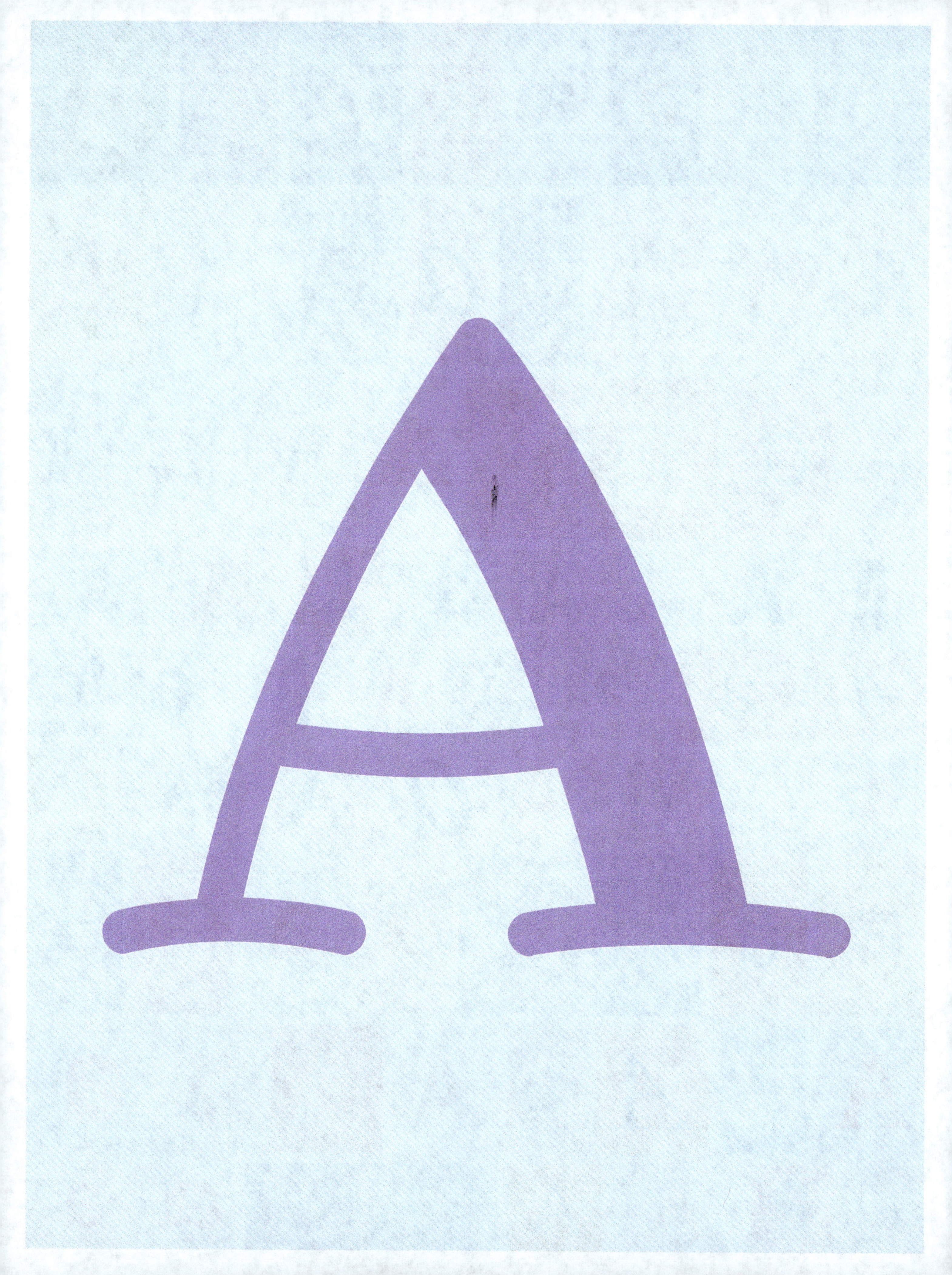

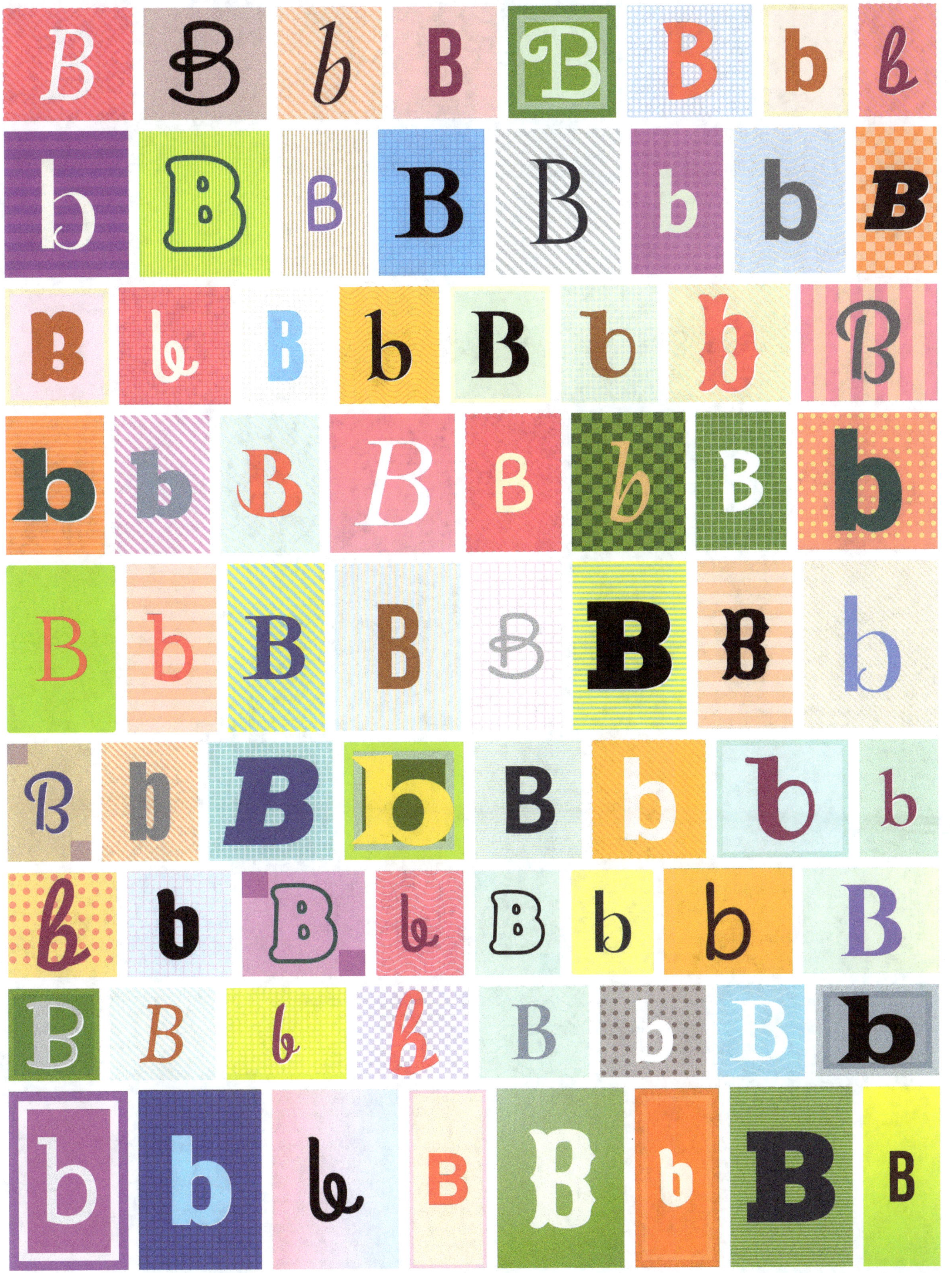

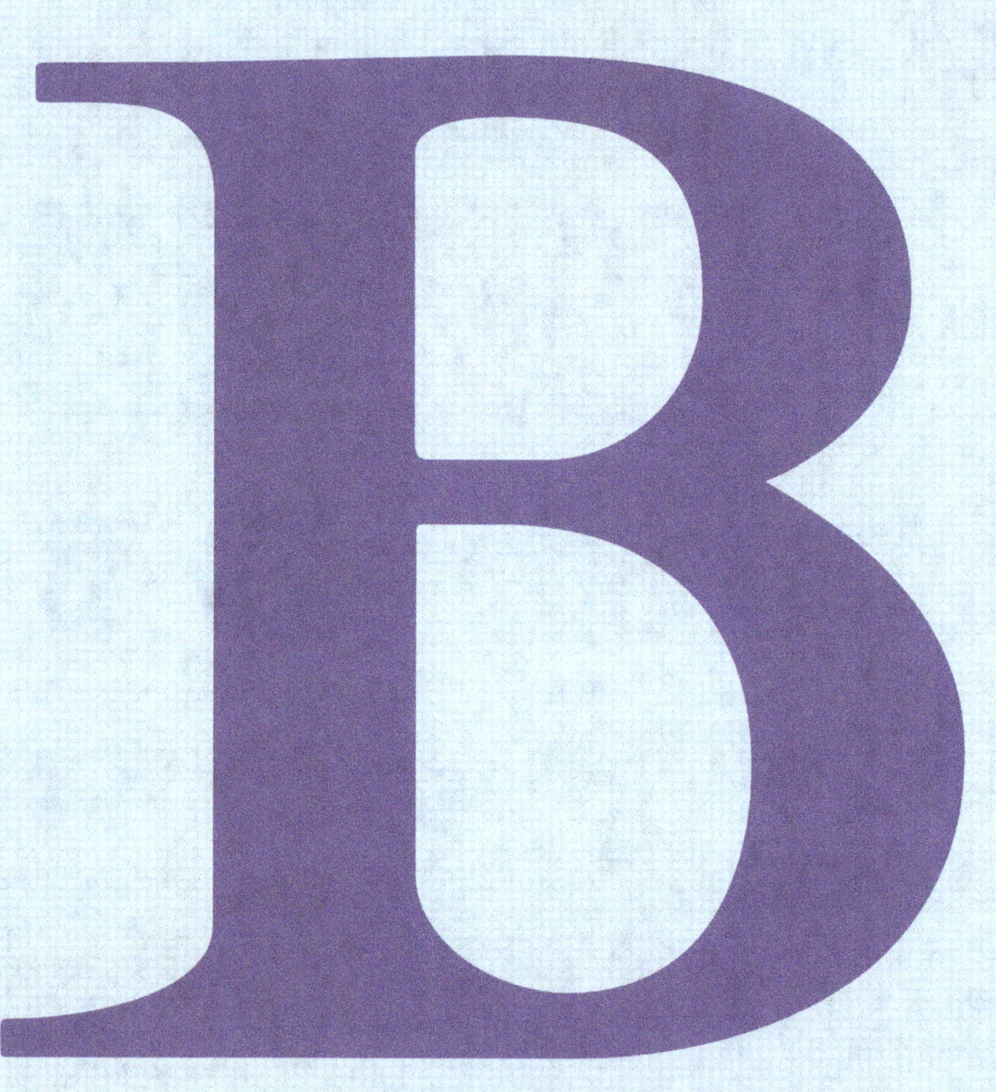

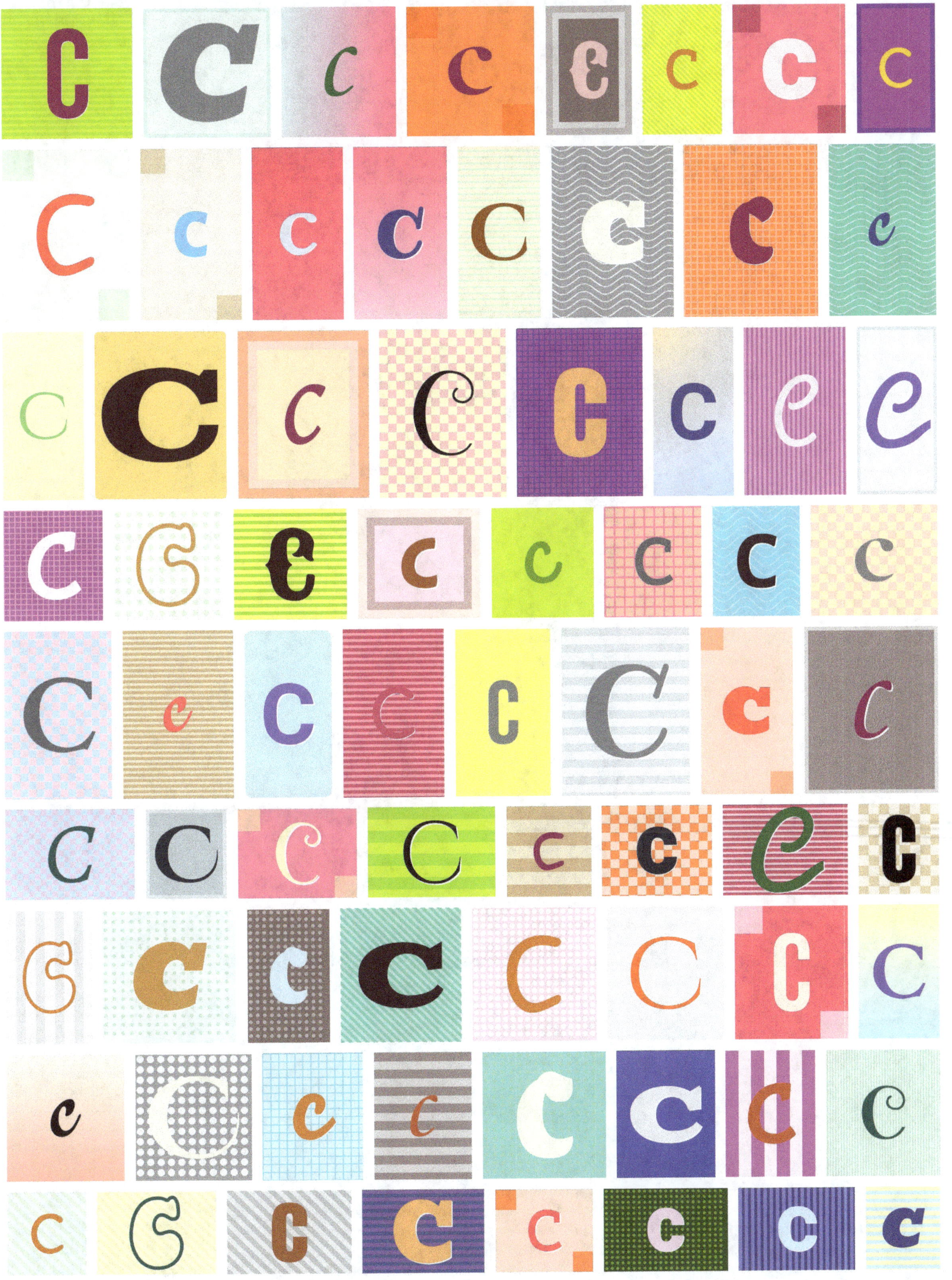

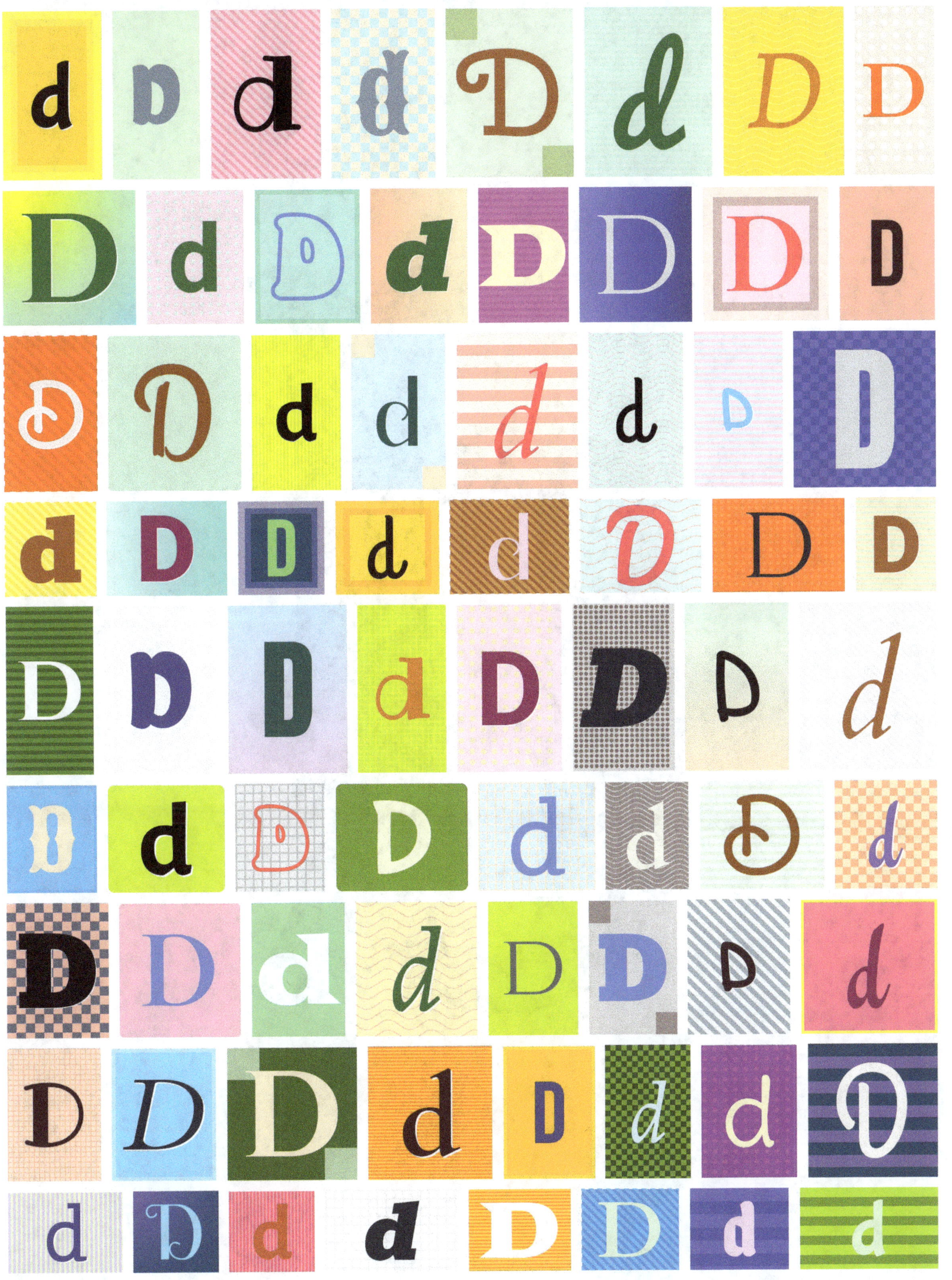

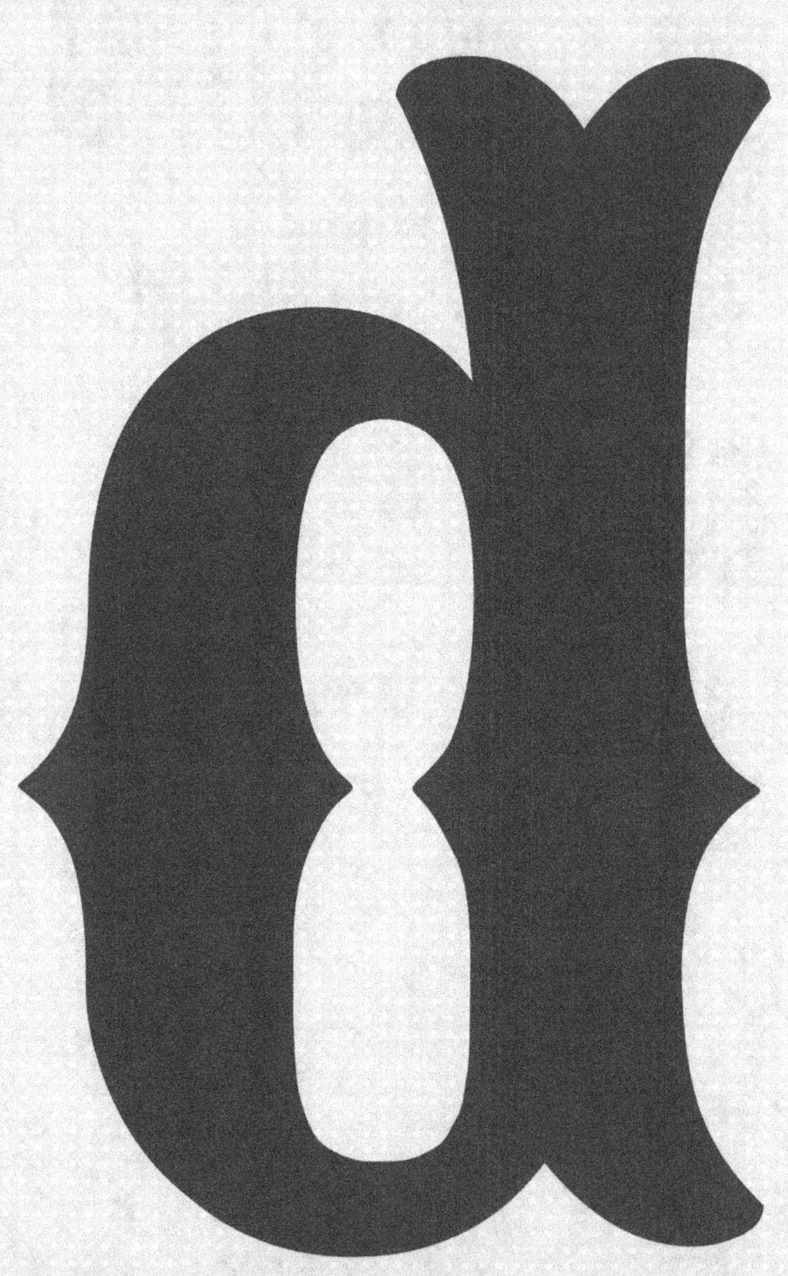

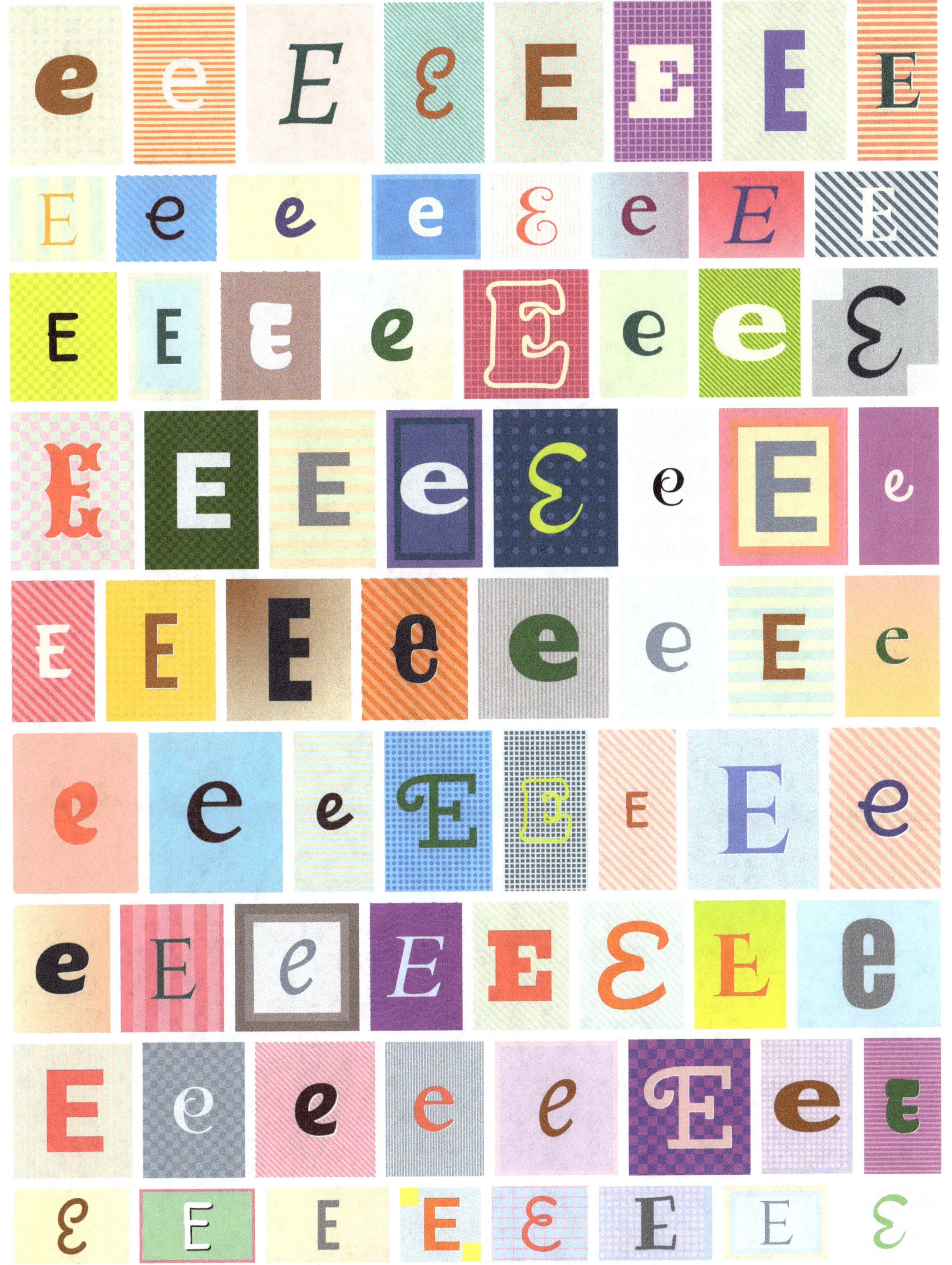

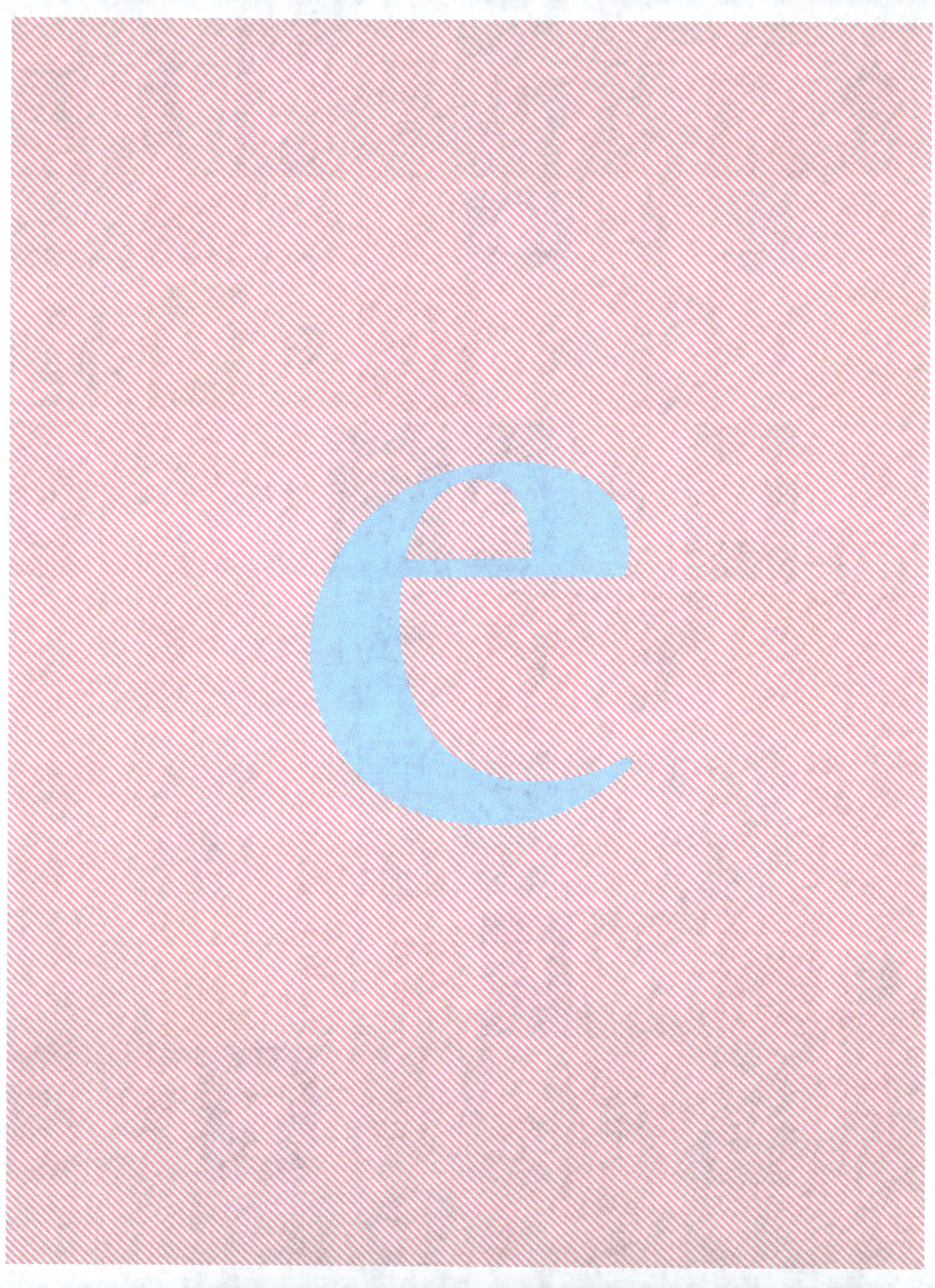

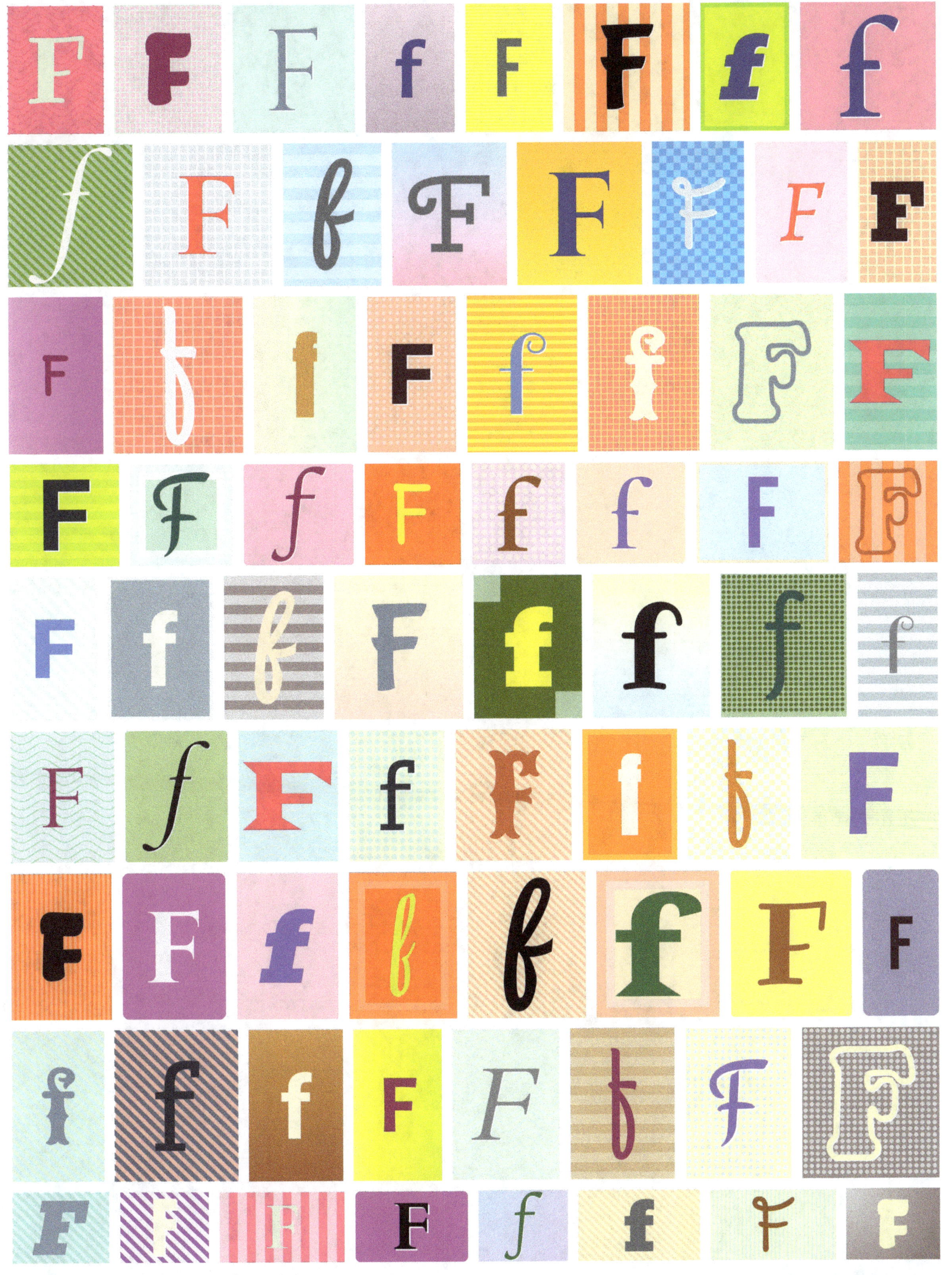

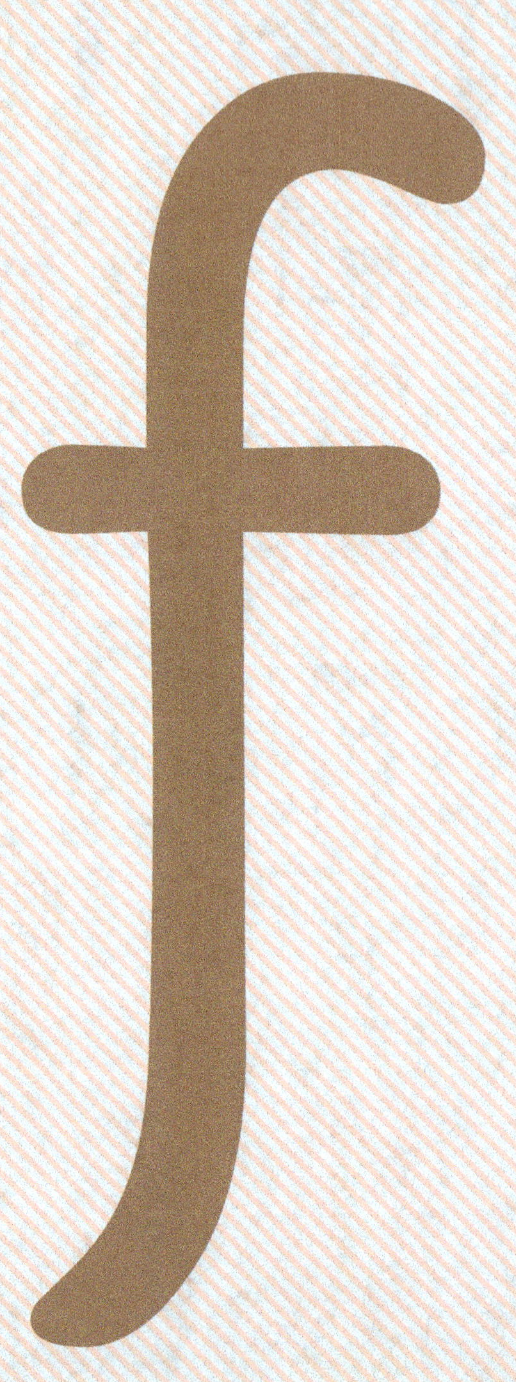

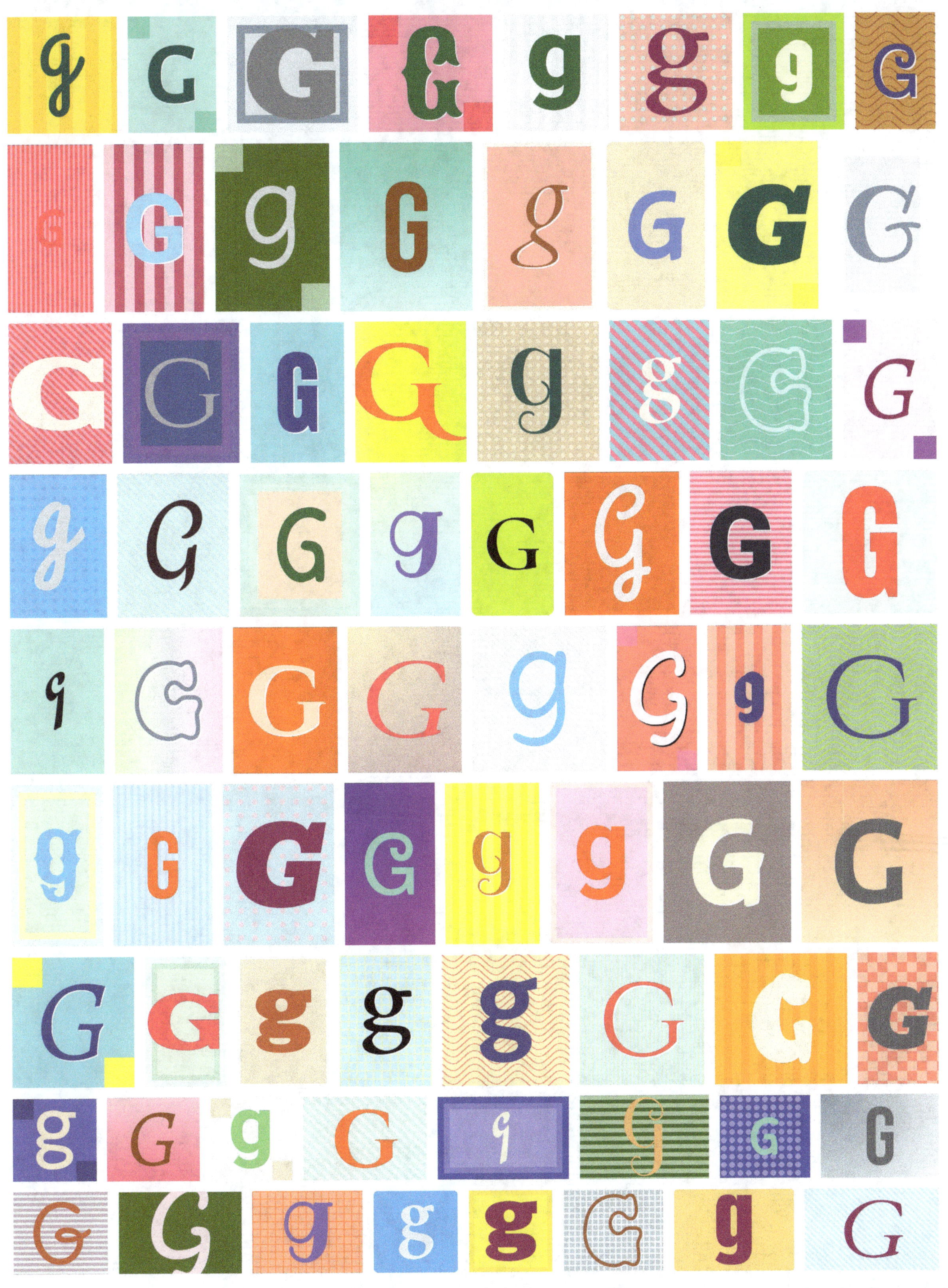

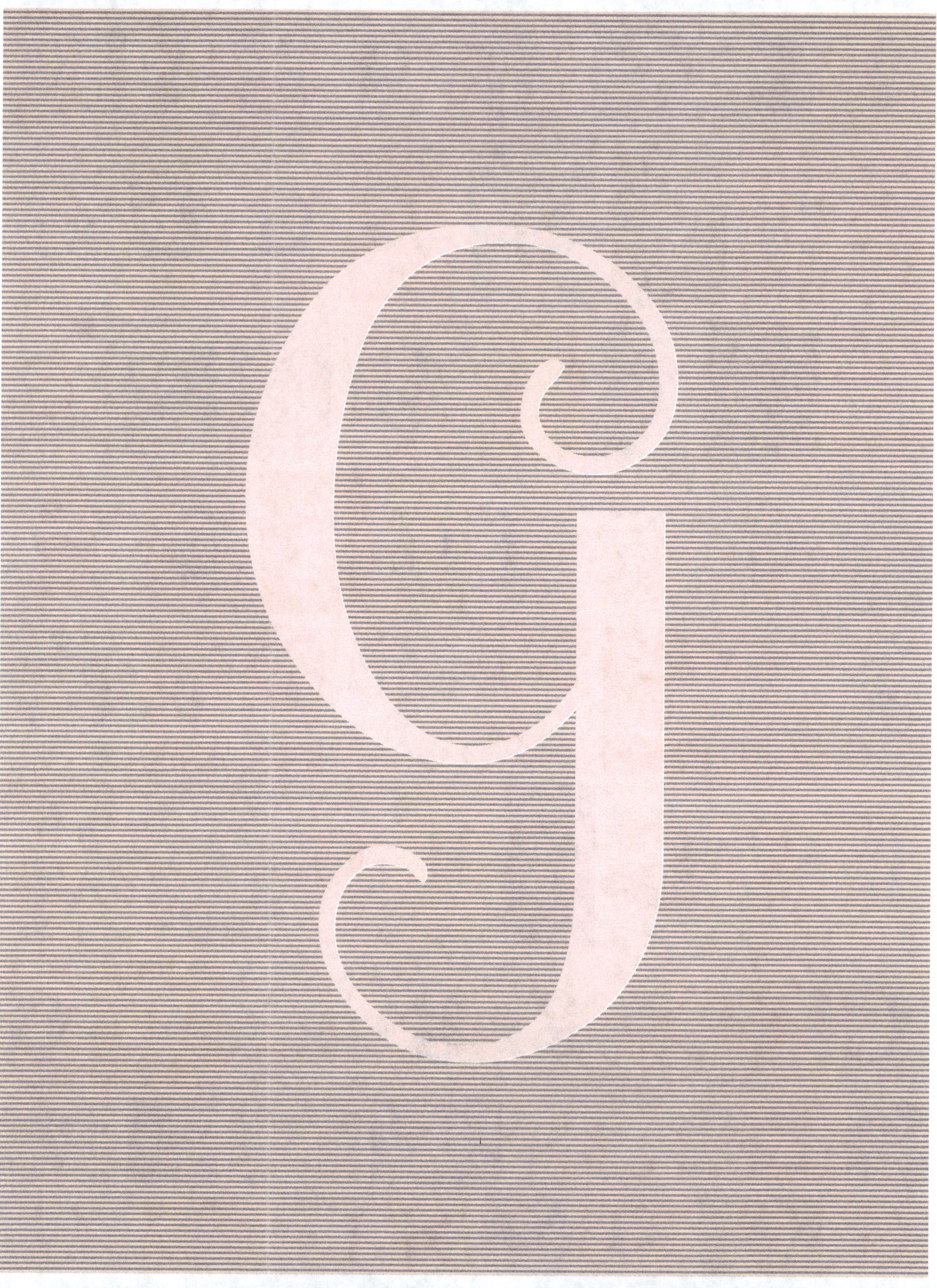

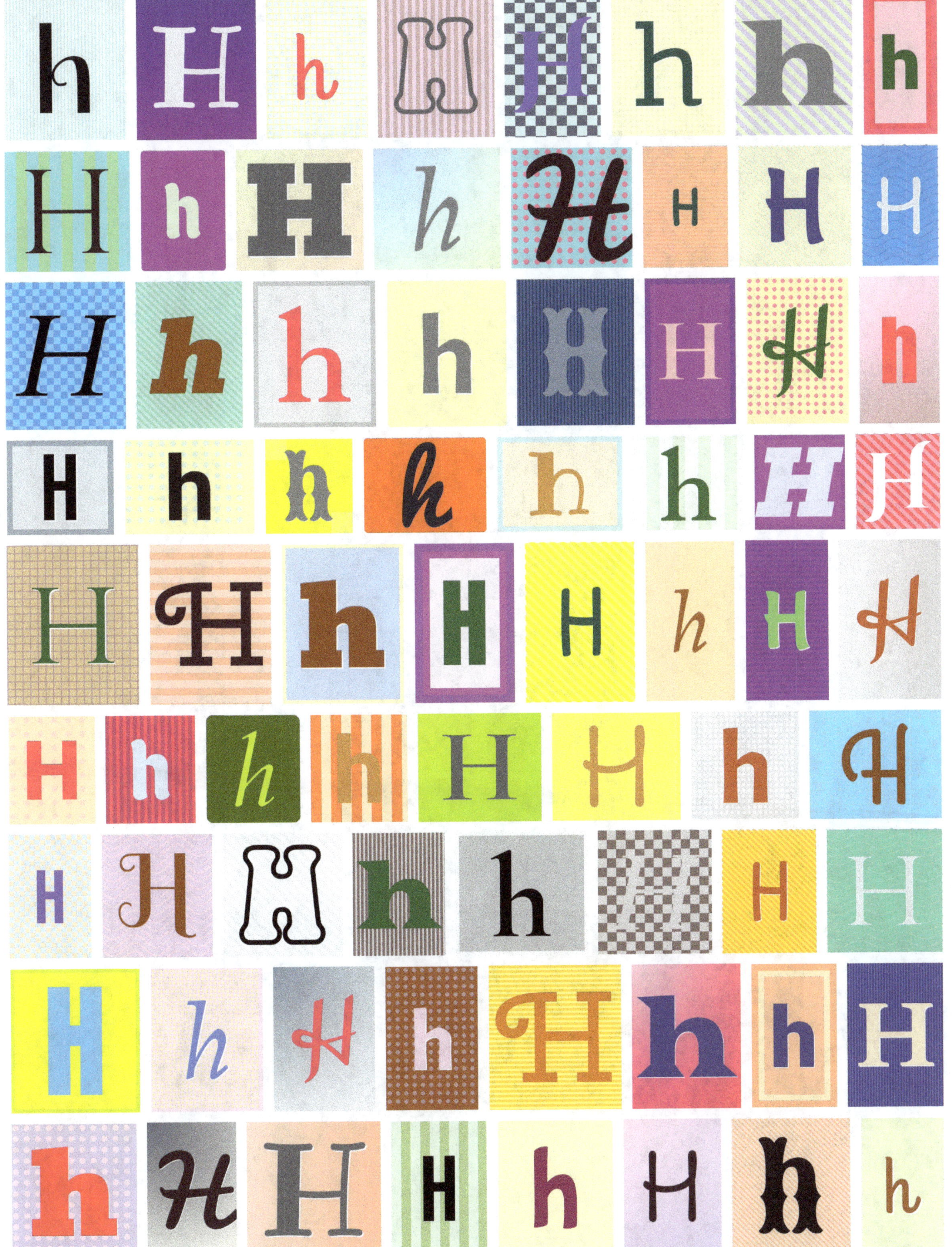

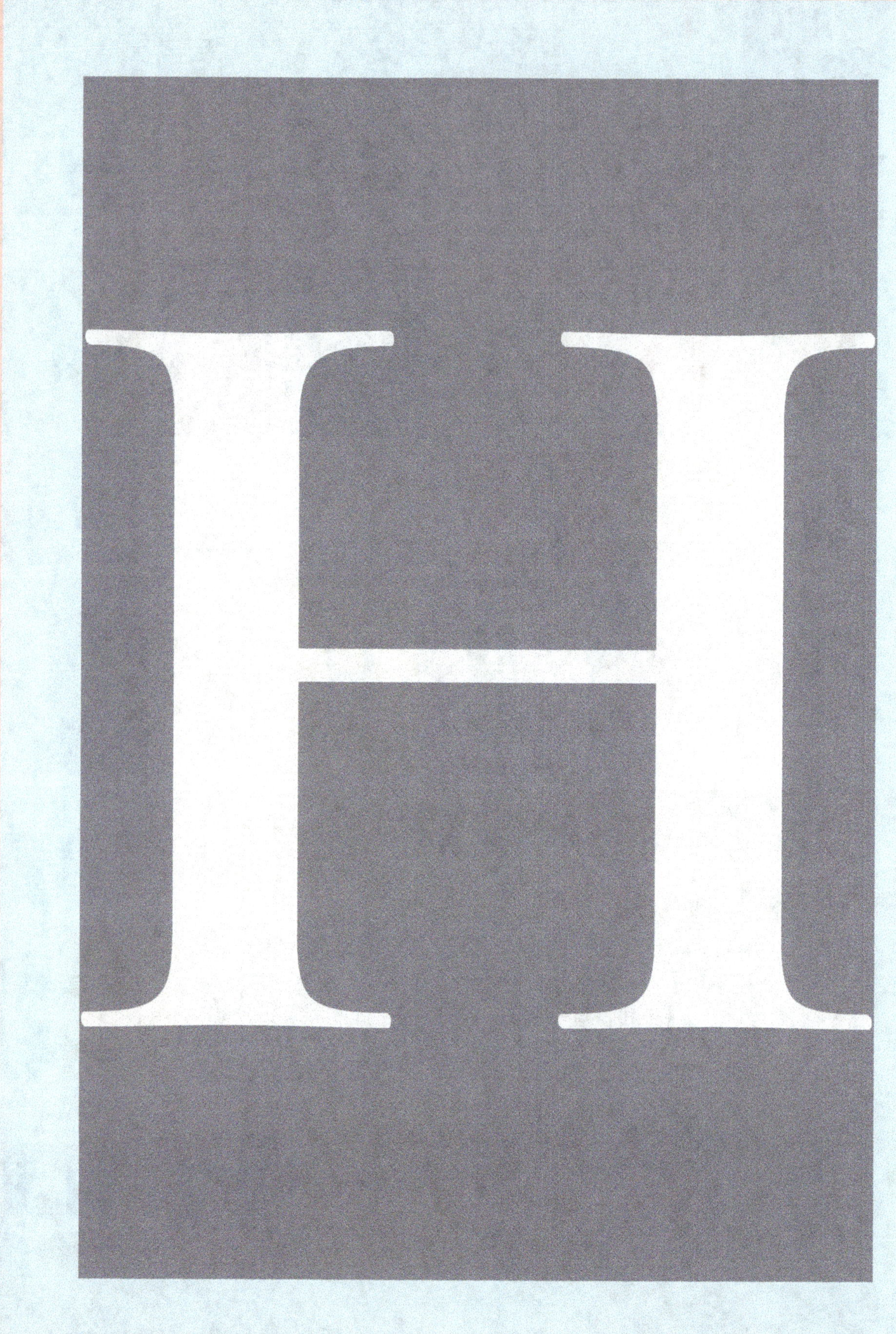

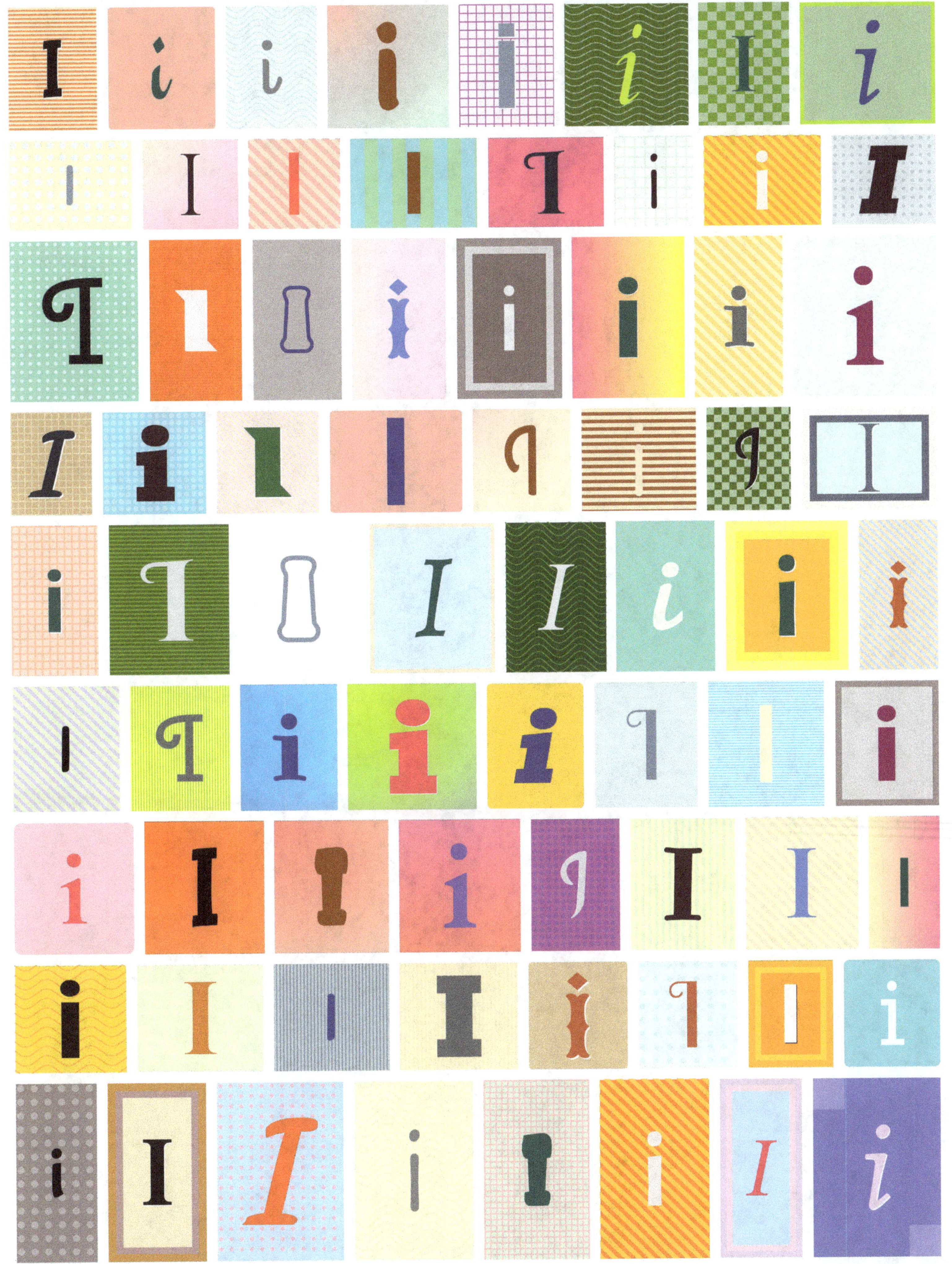

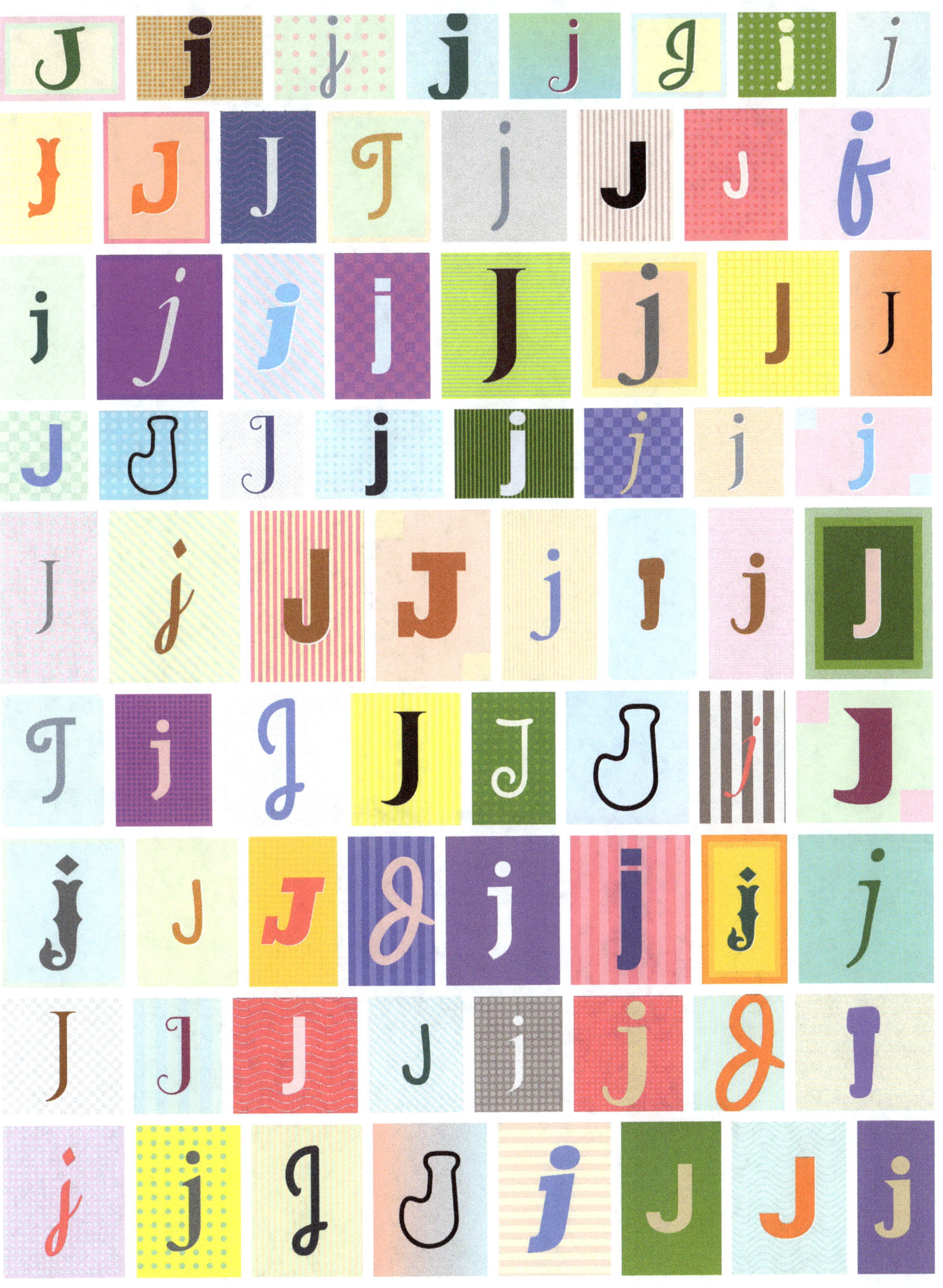

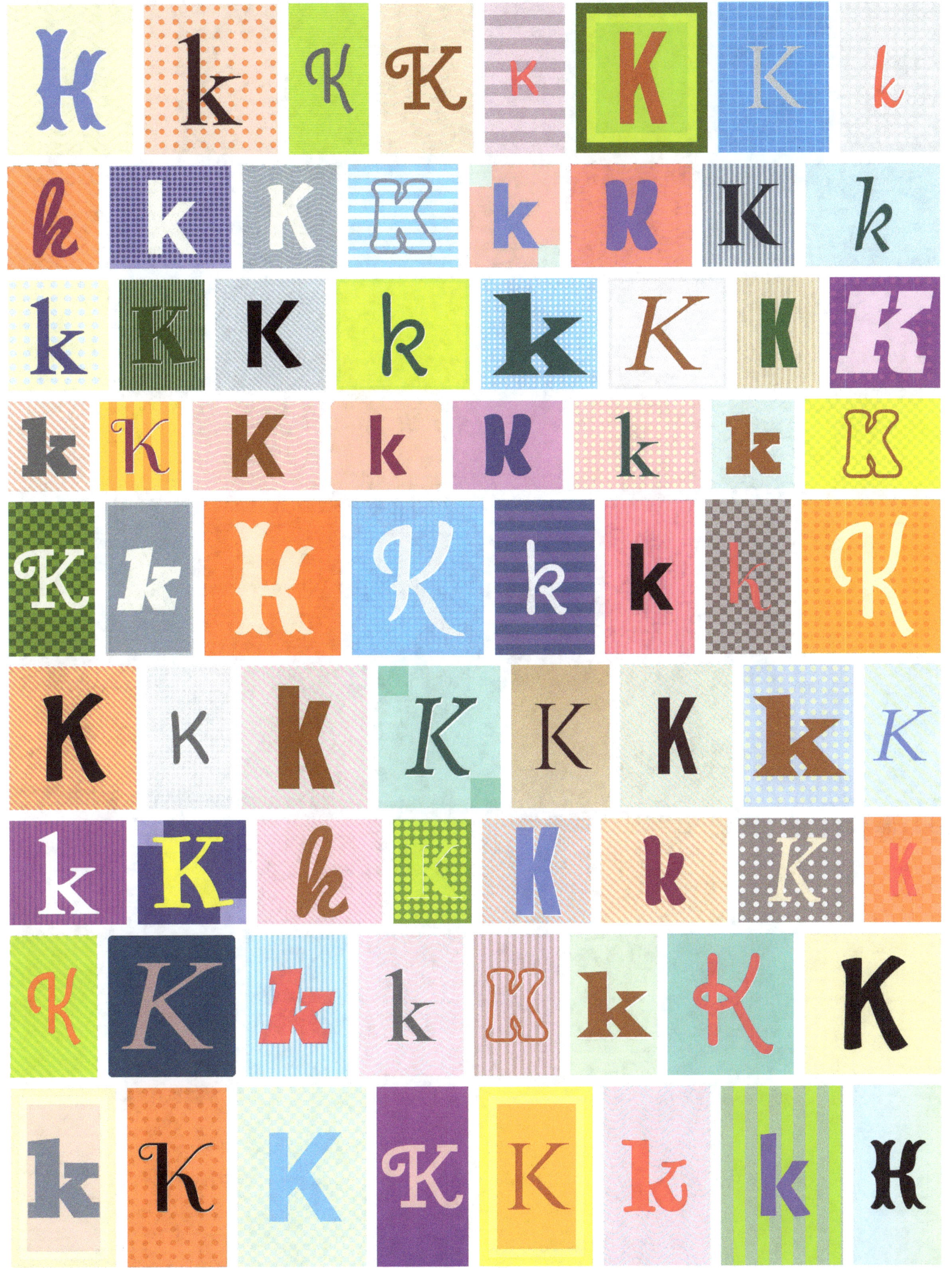

K

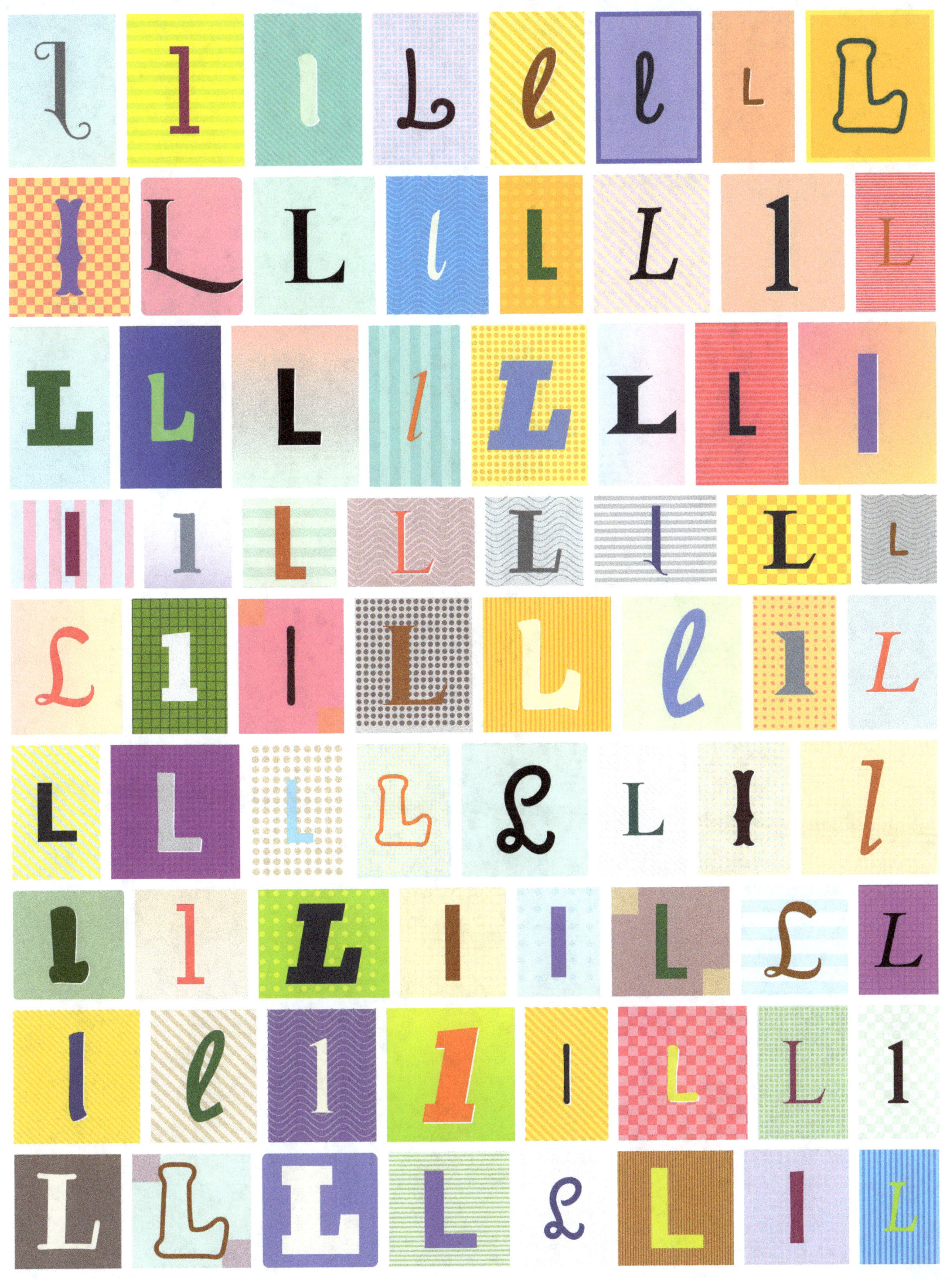

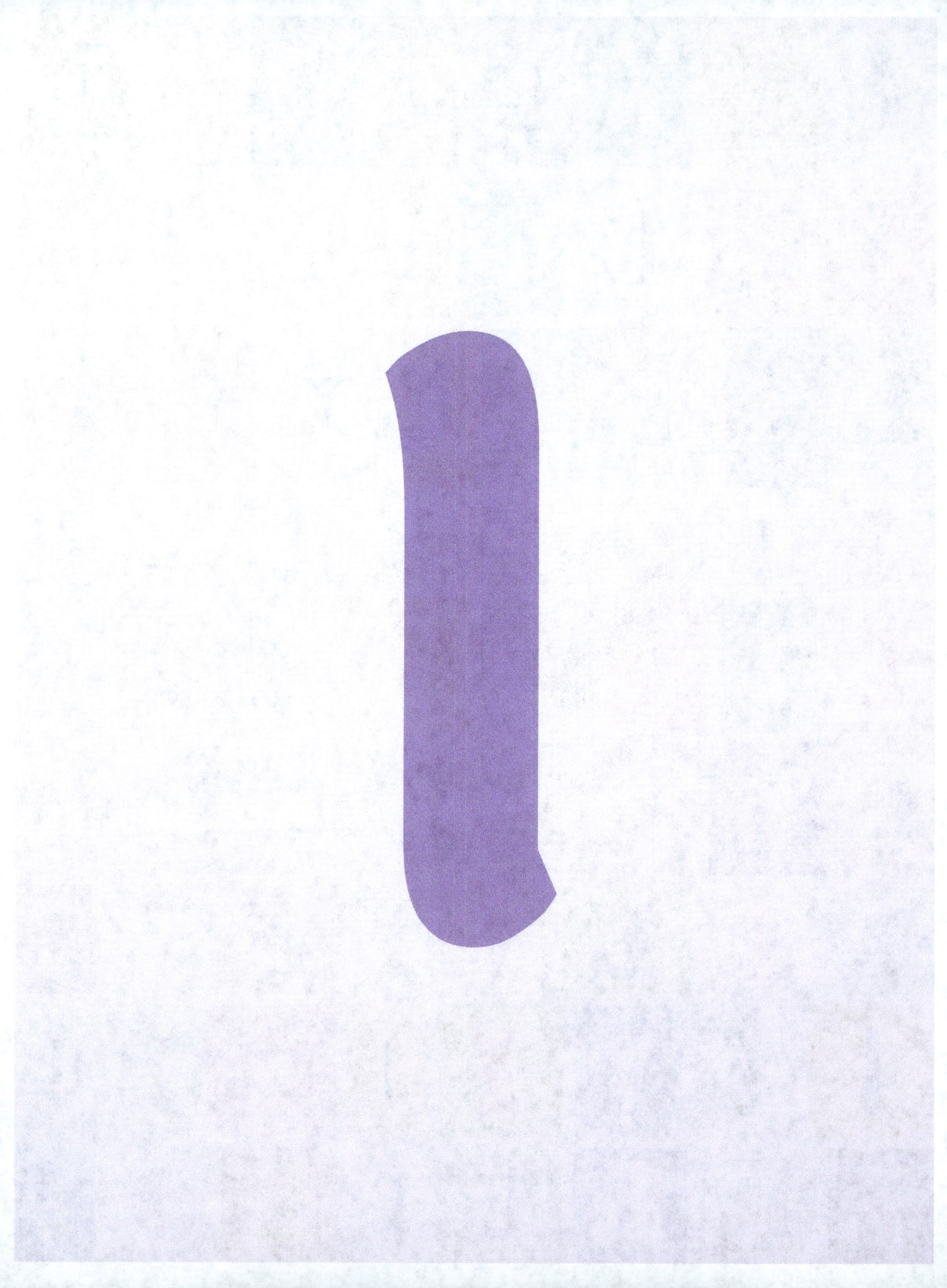

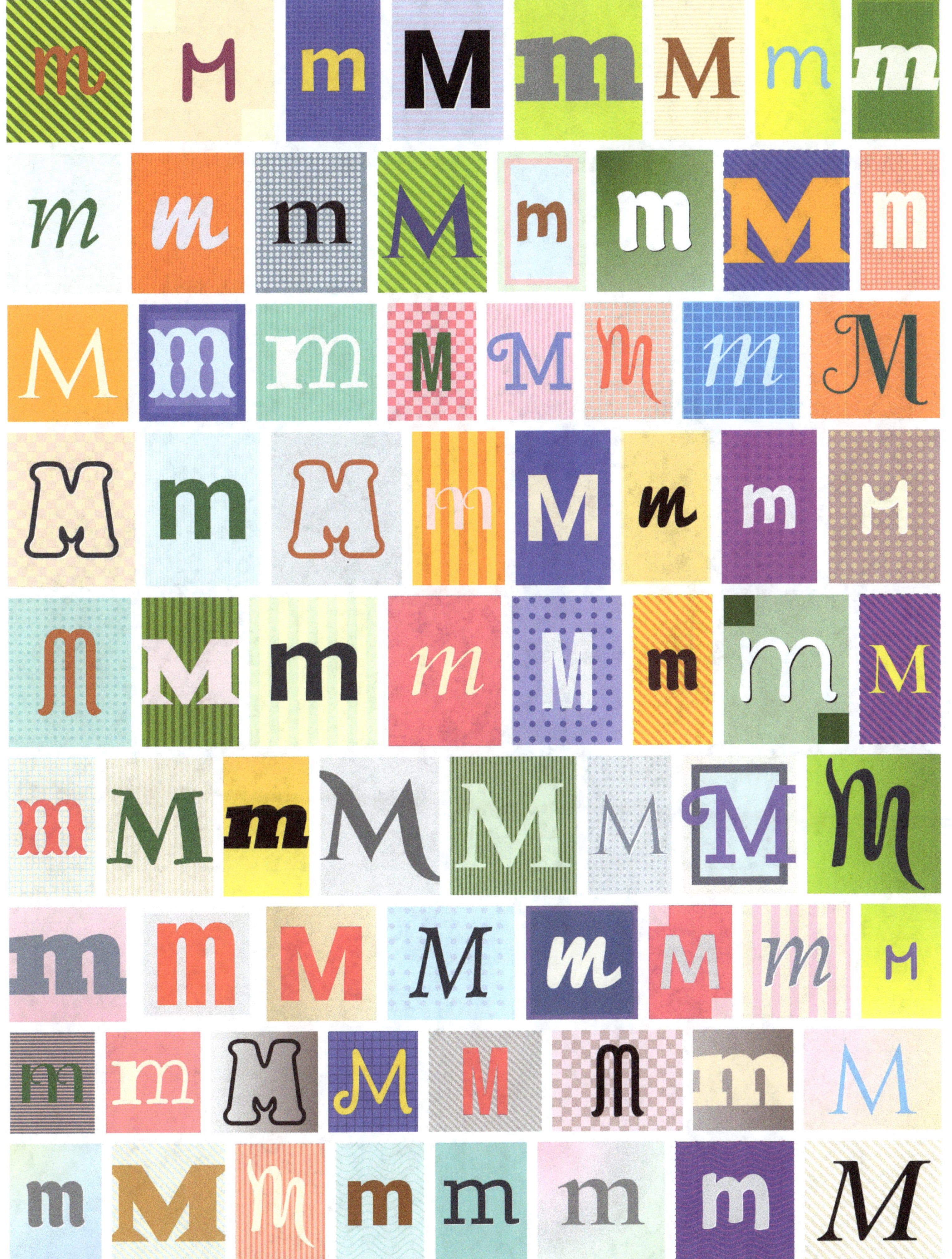

m

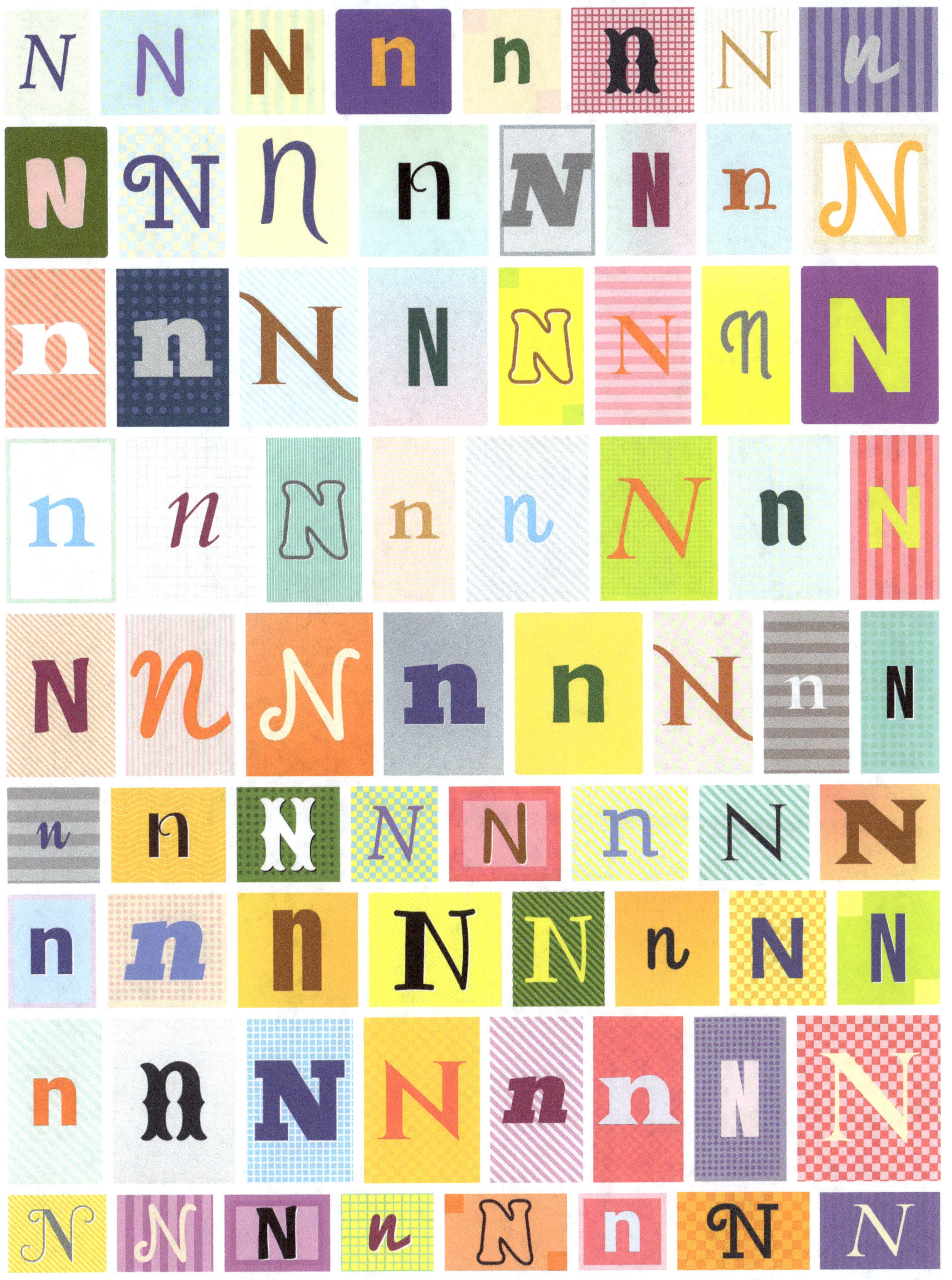

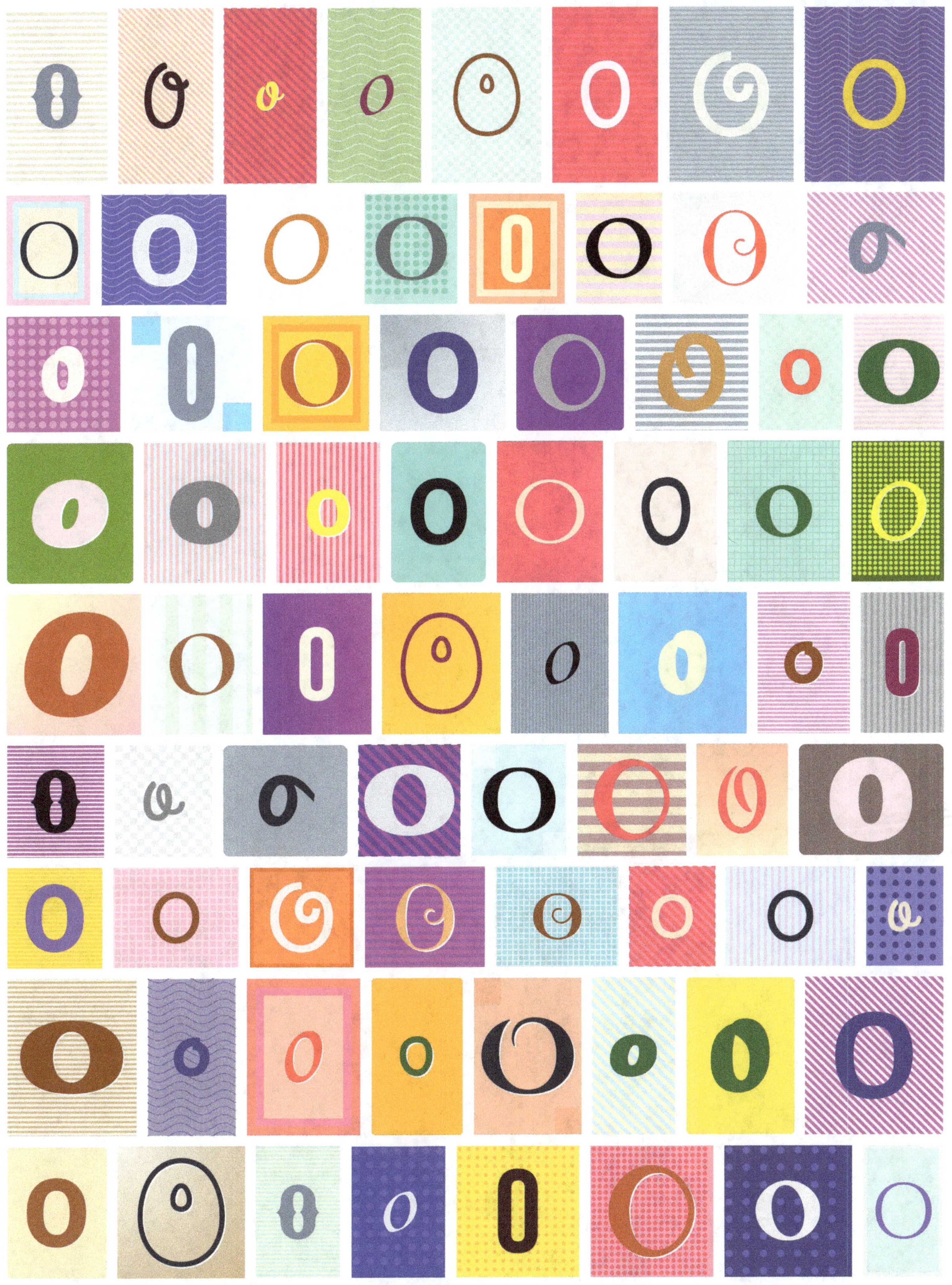

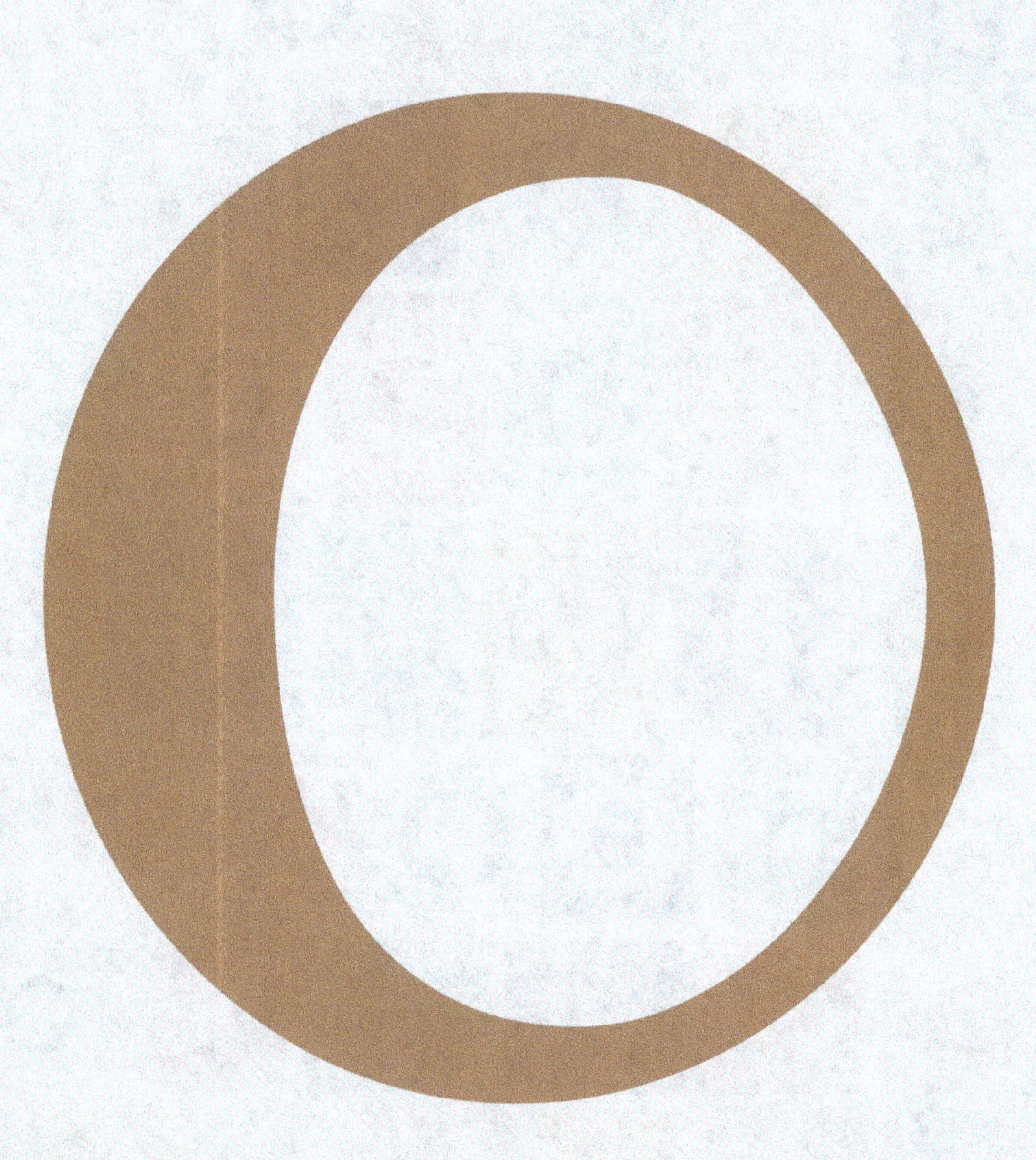

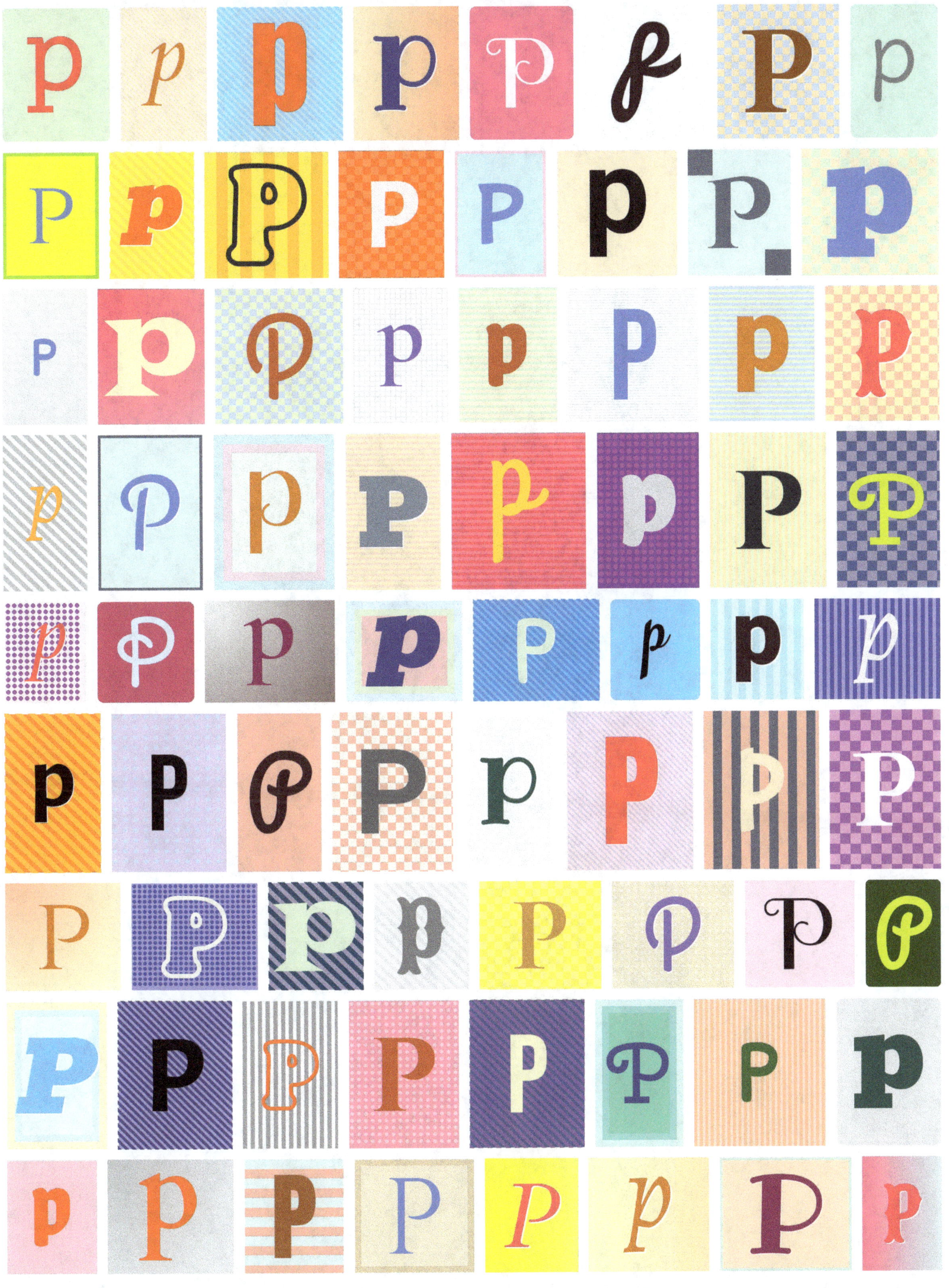

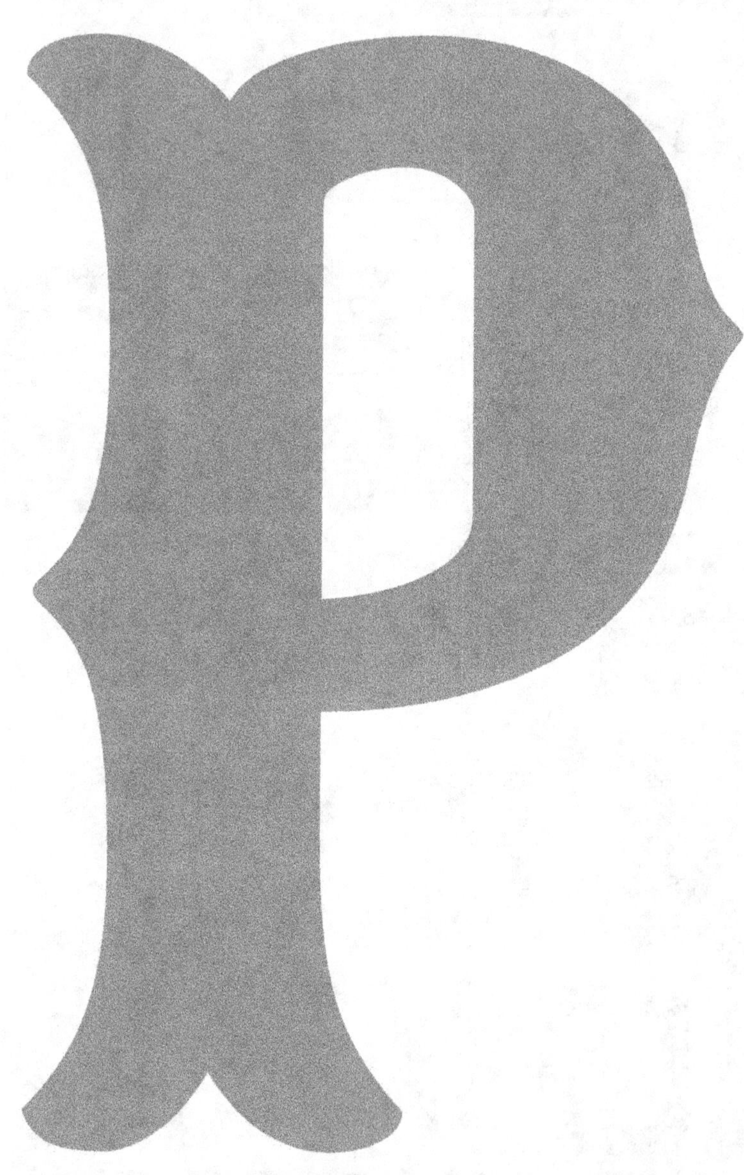

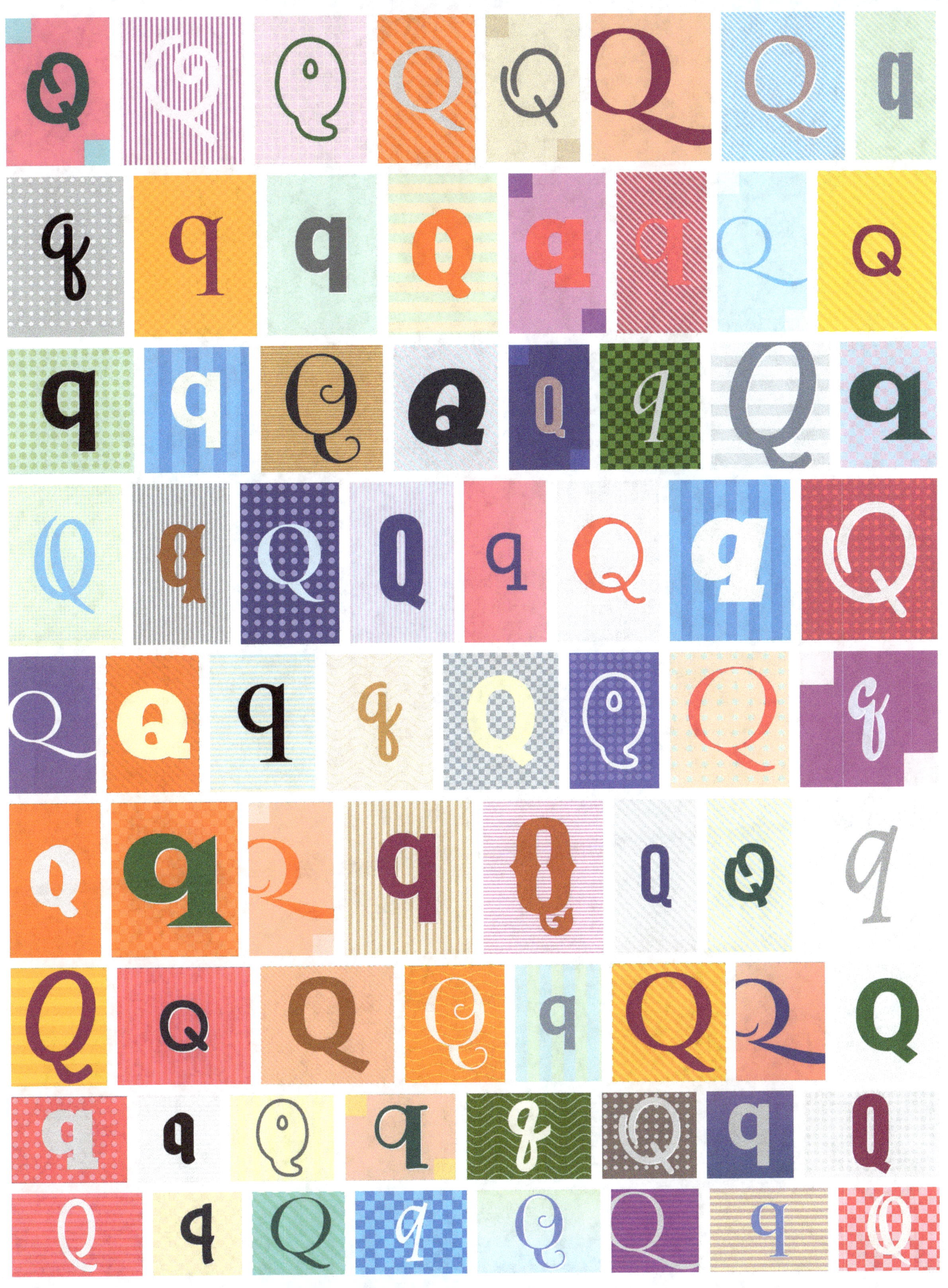

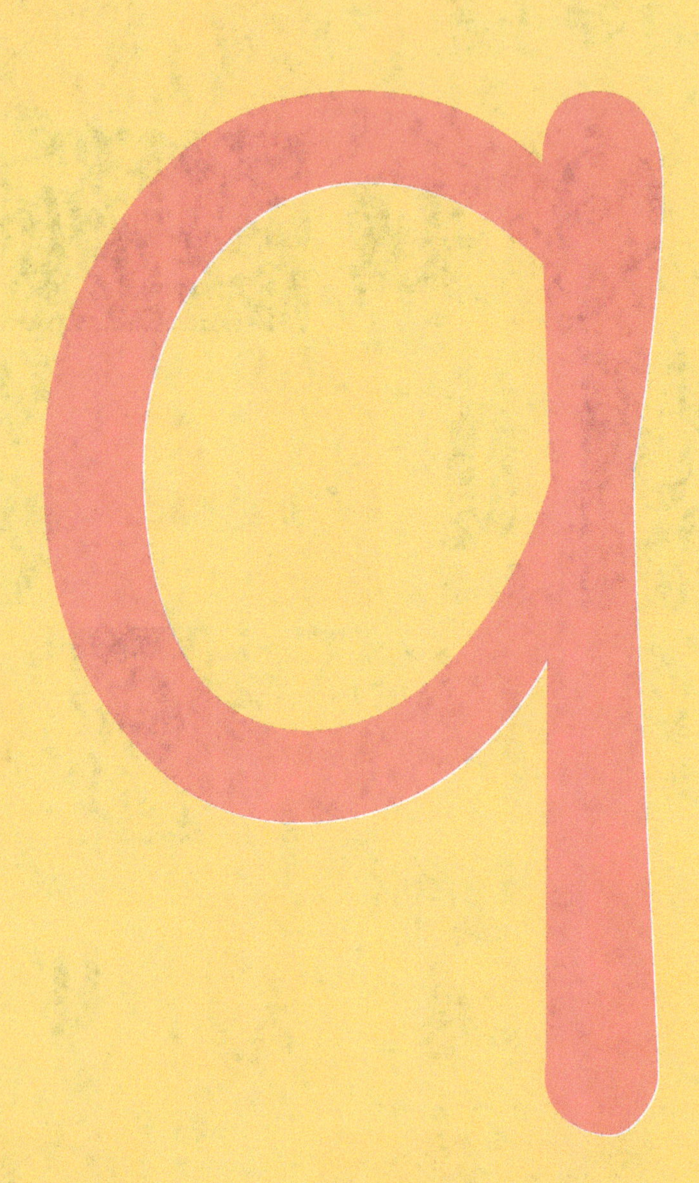

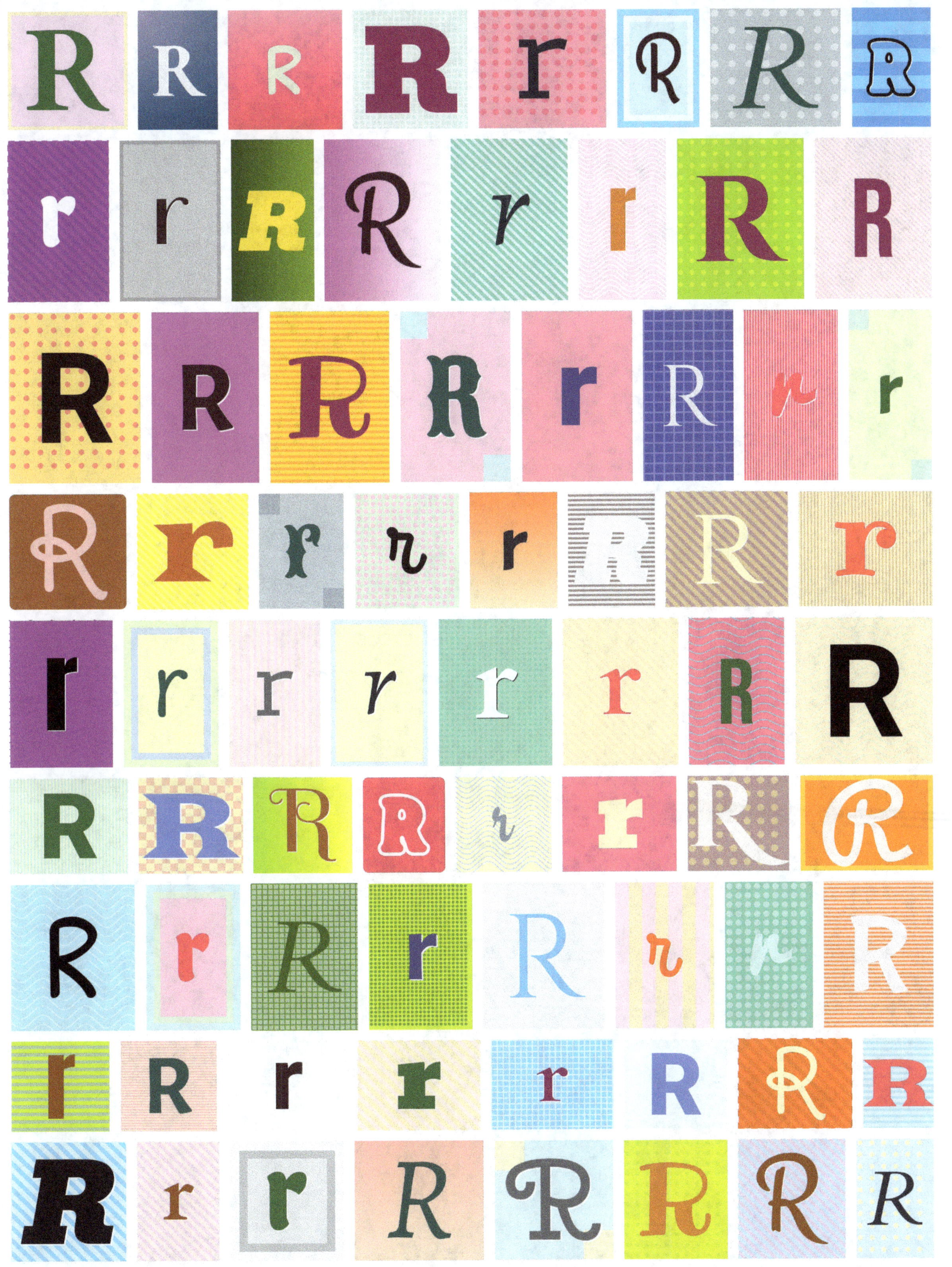

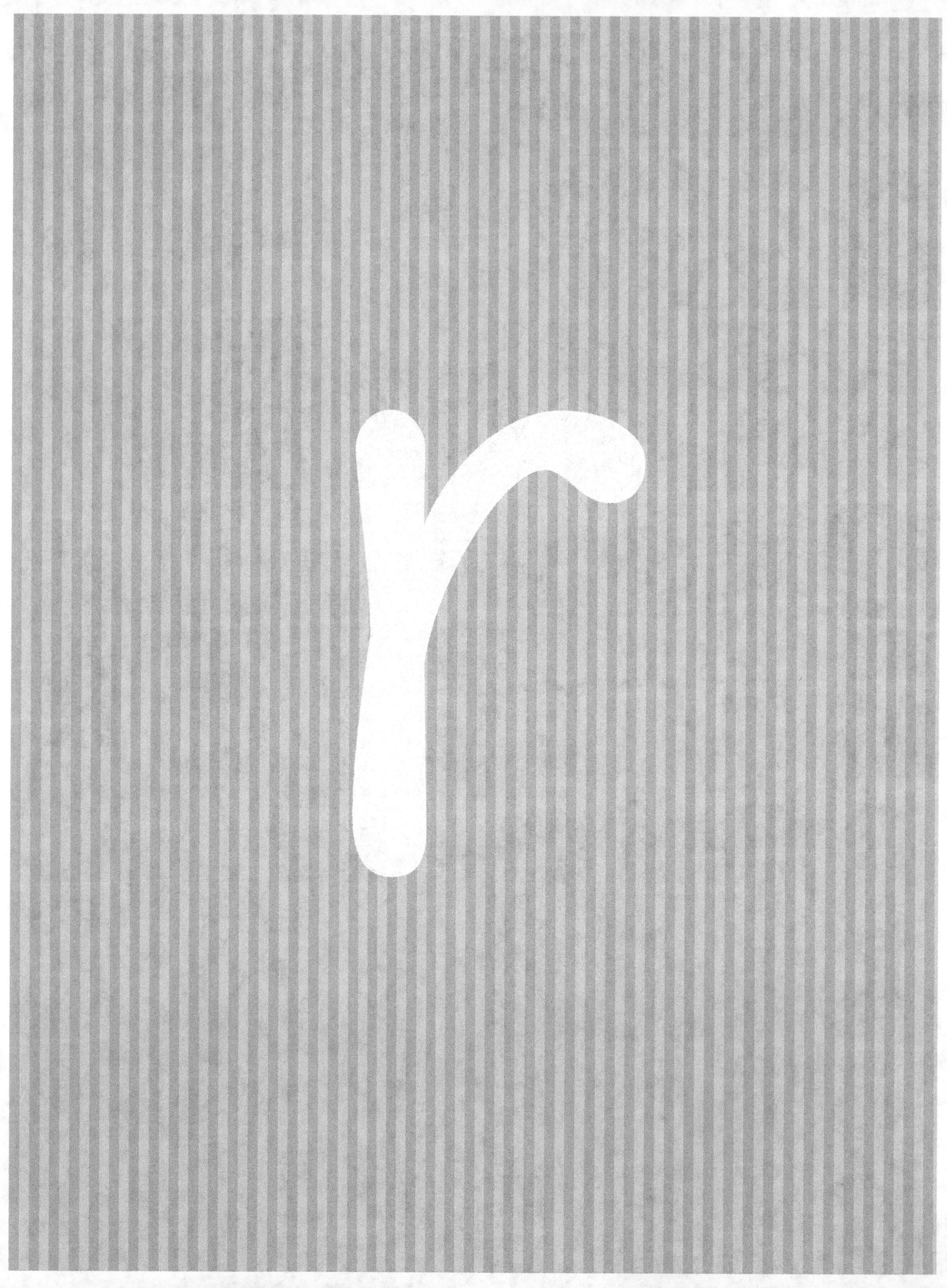

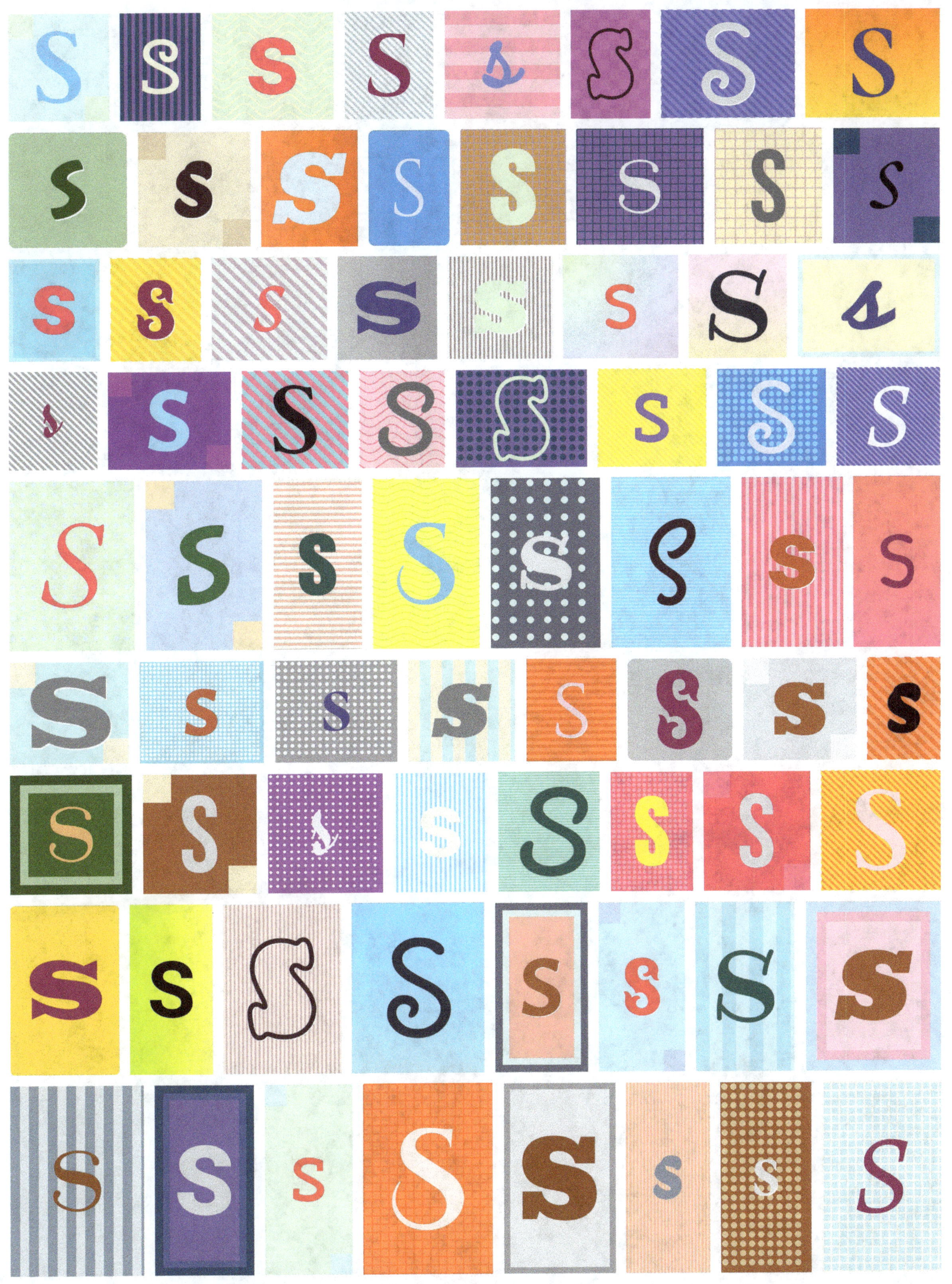

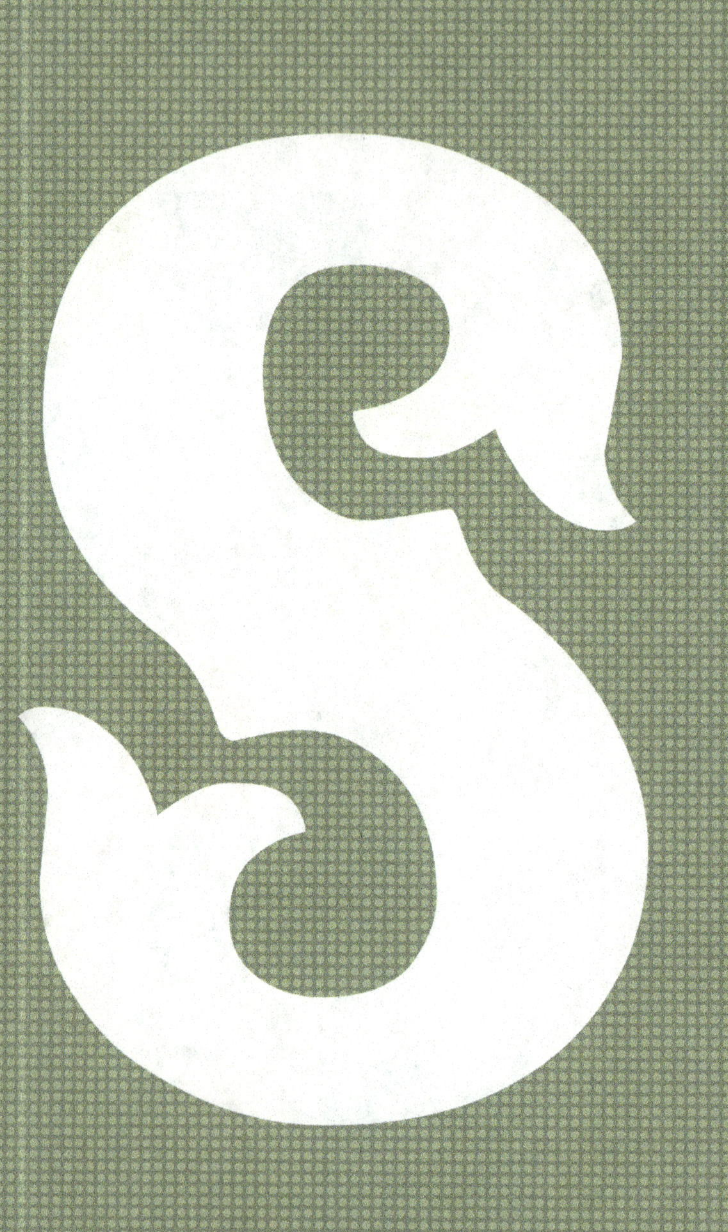

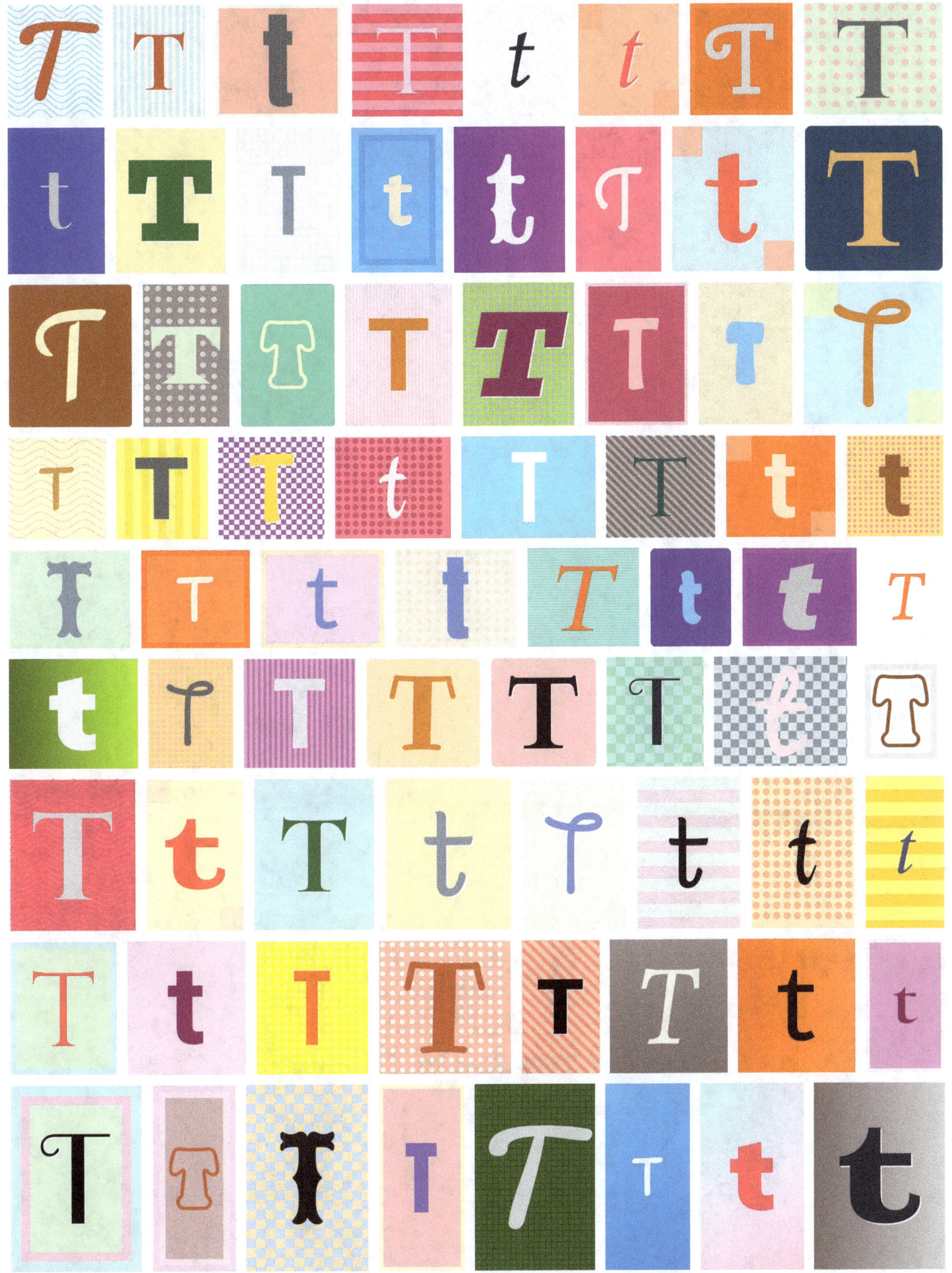

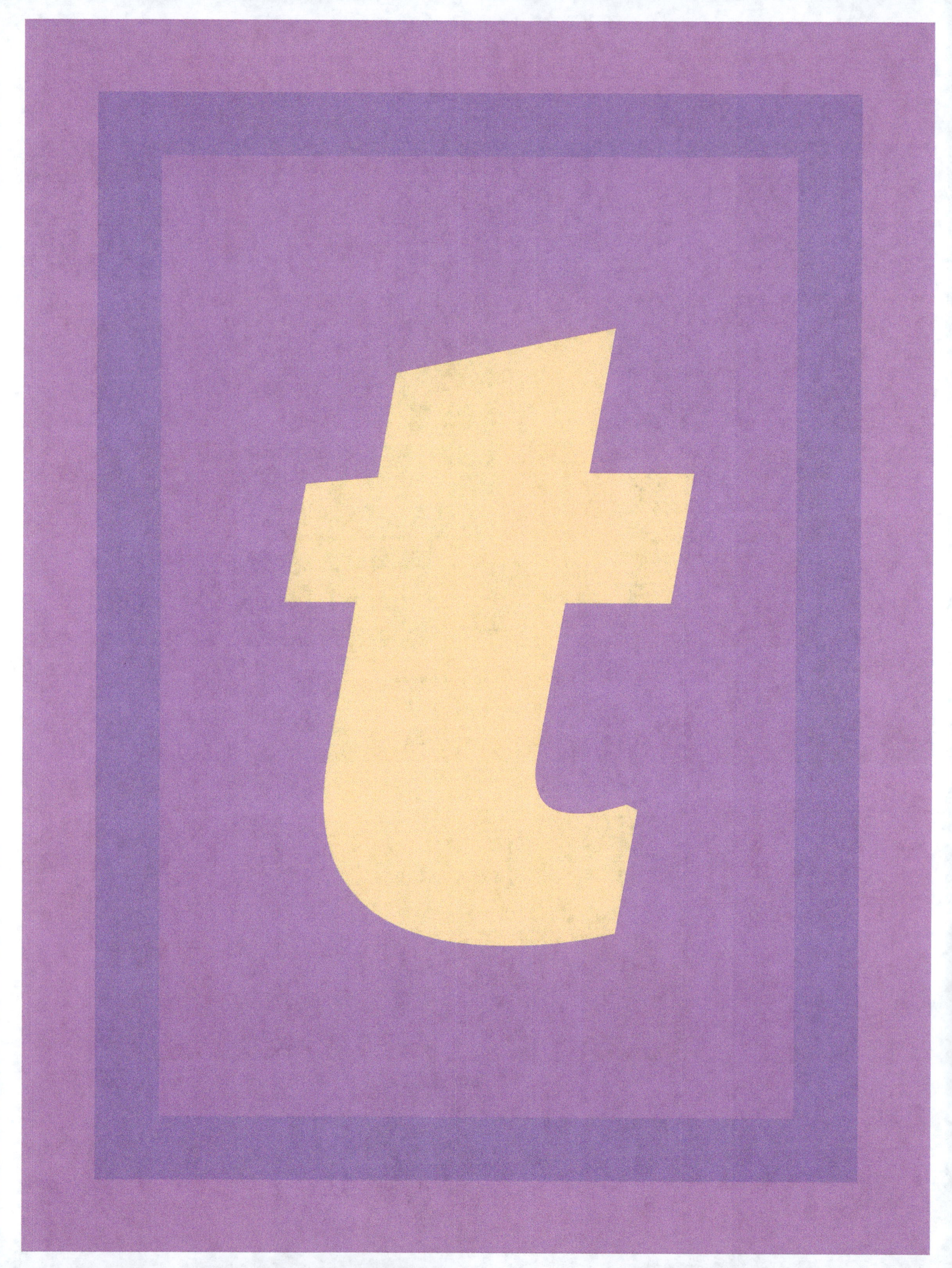

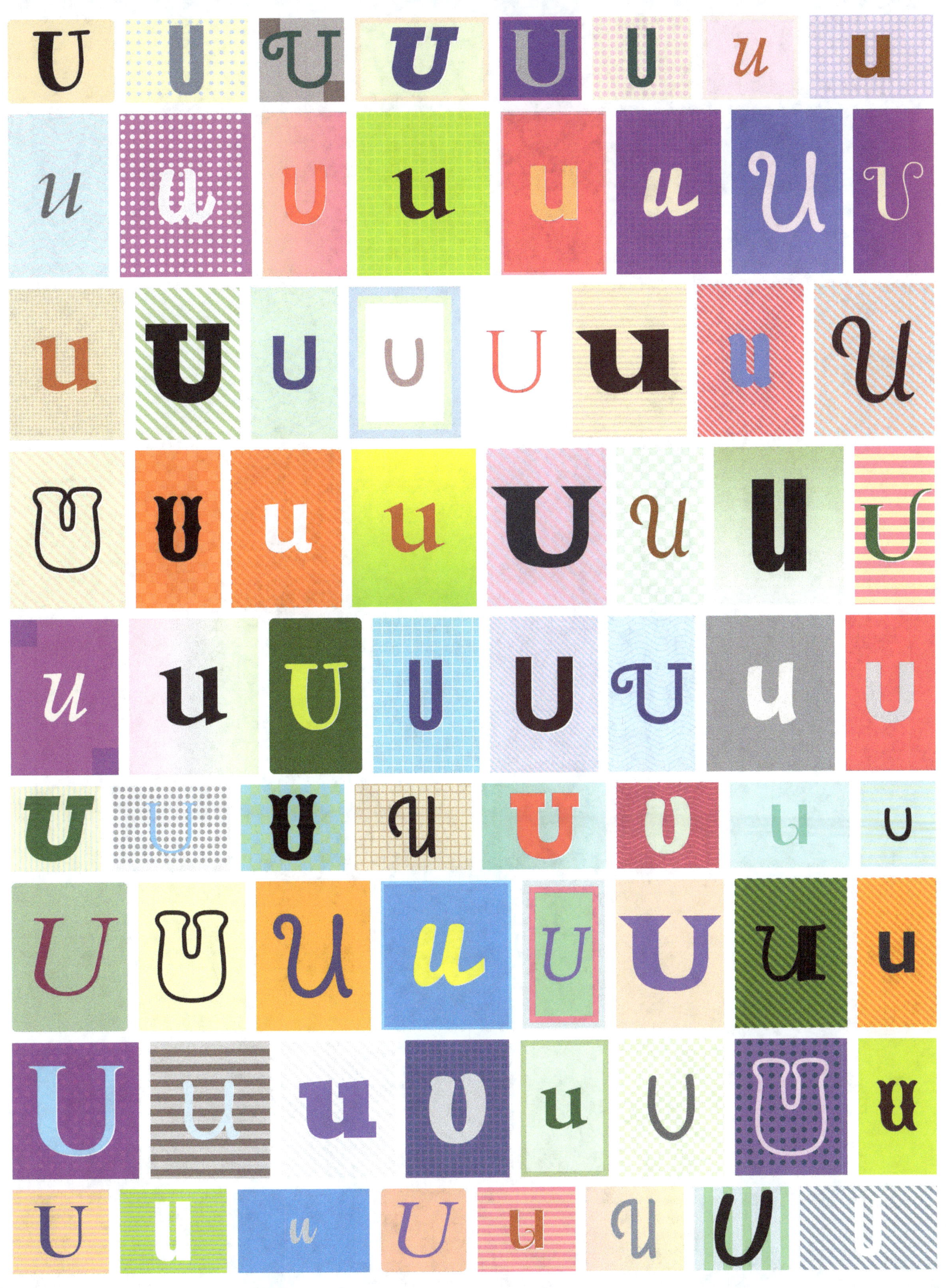

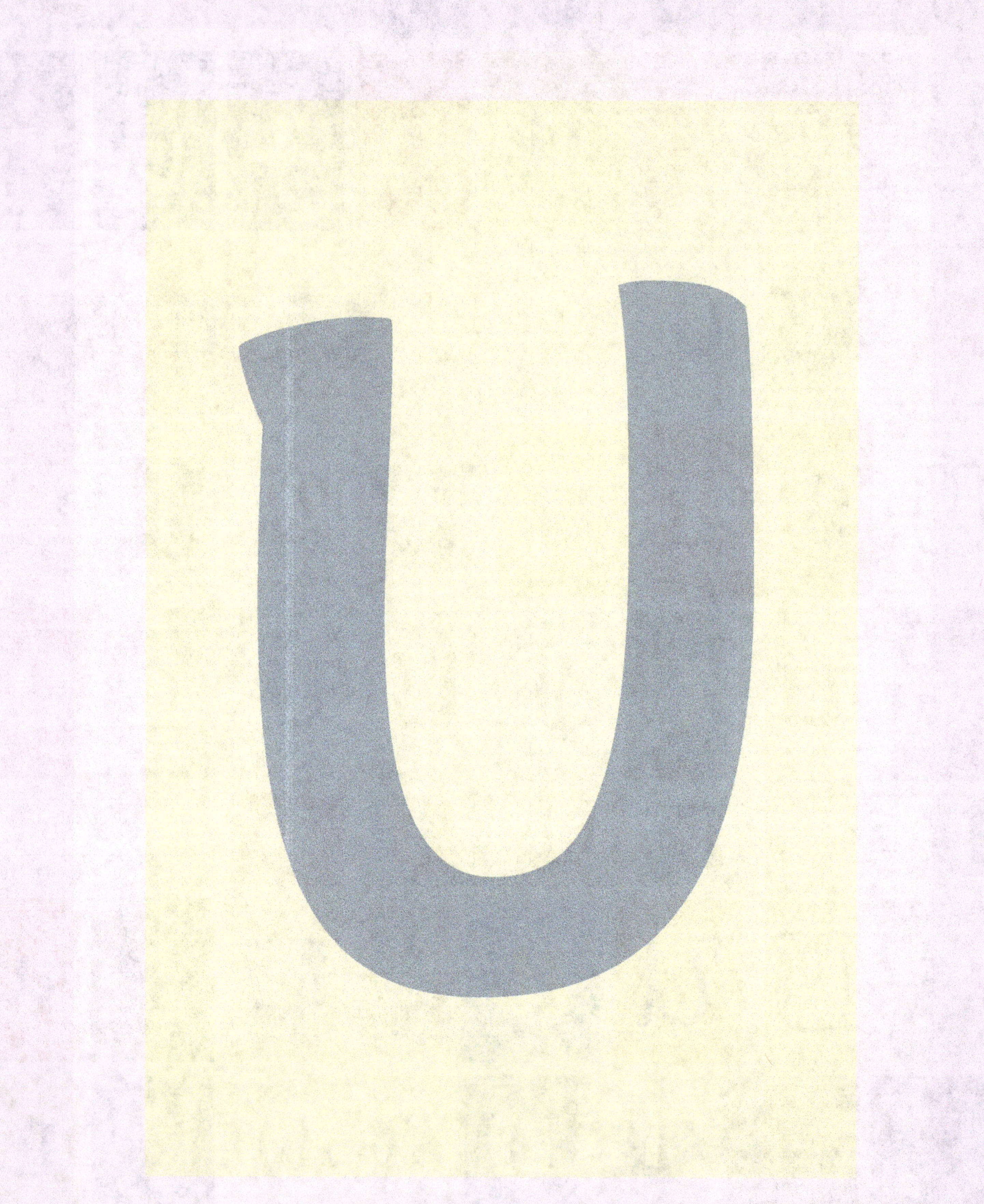

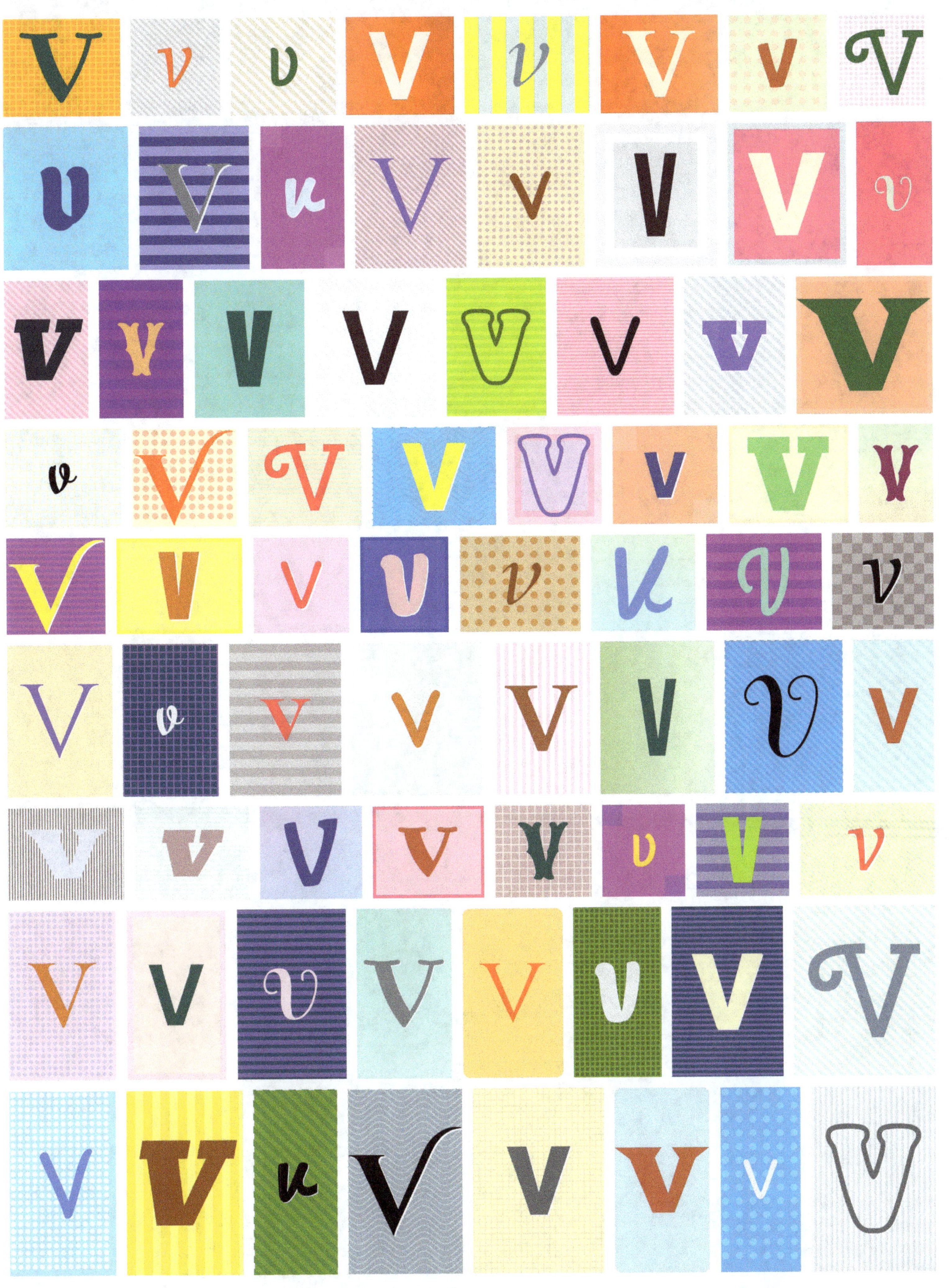

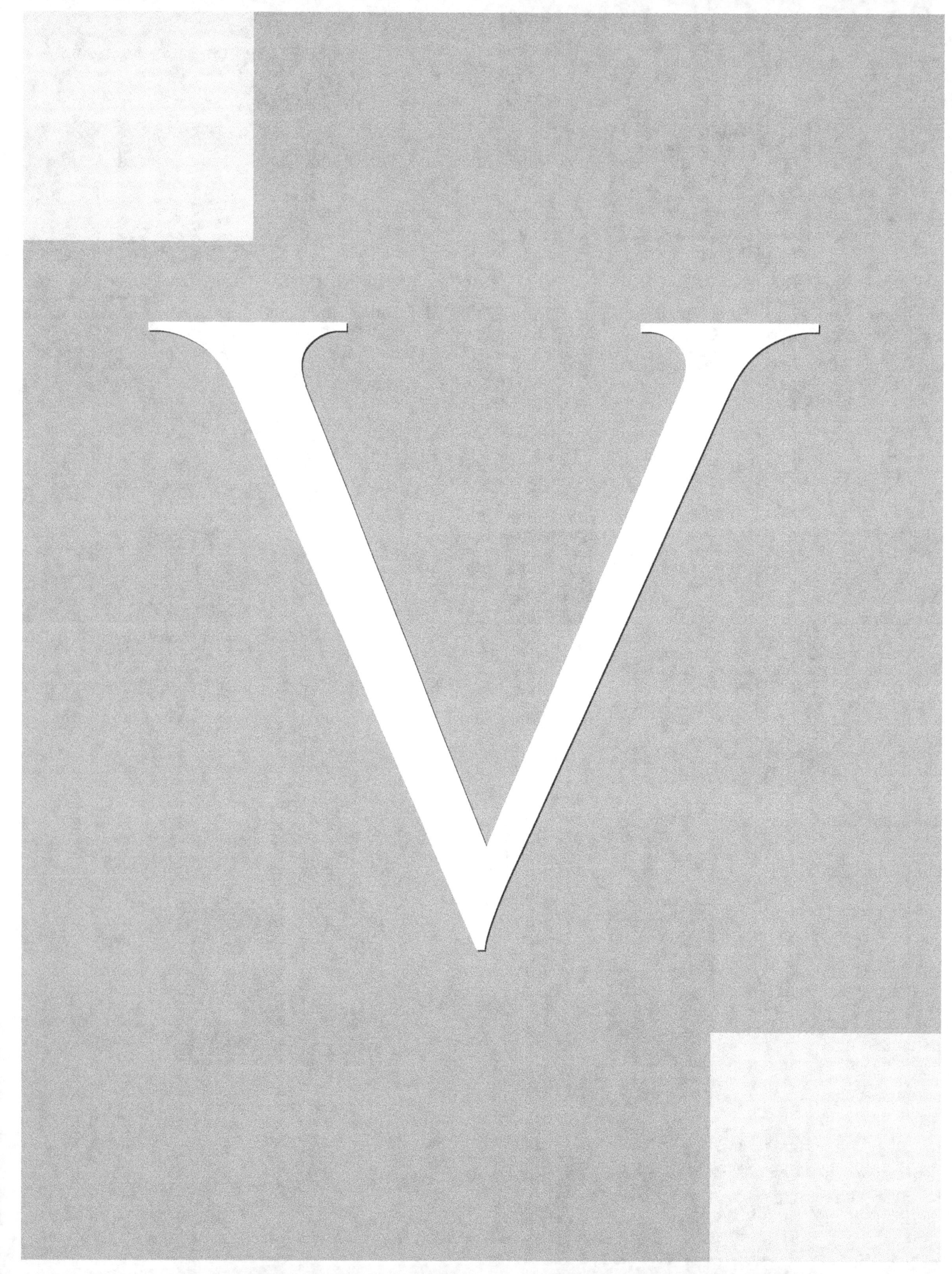

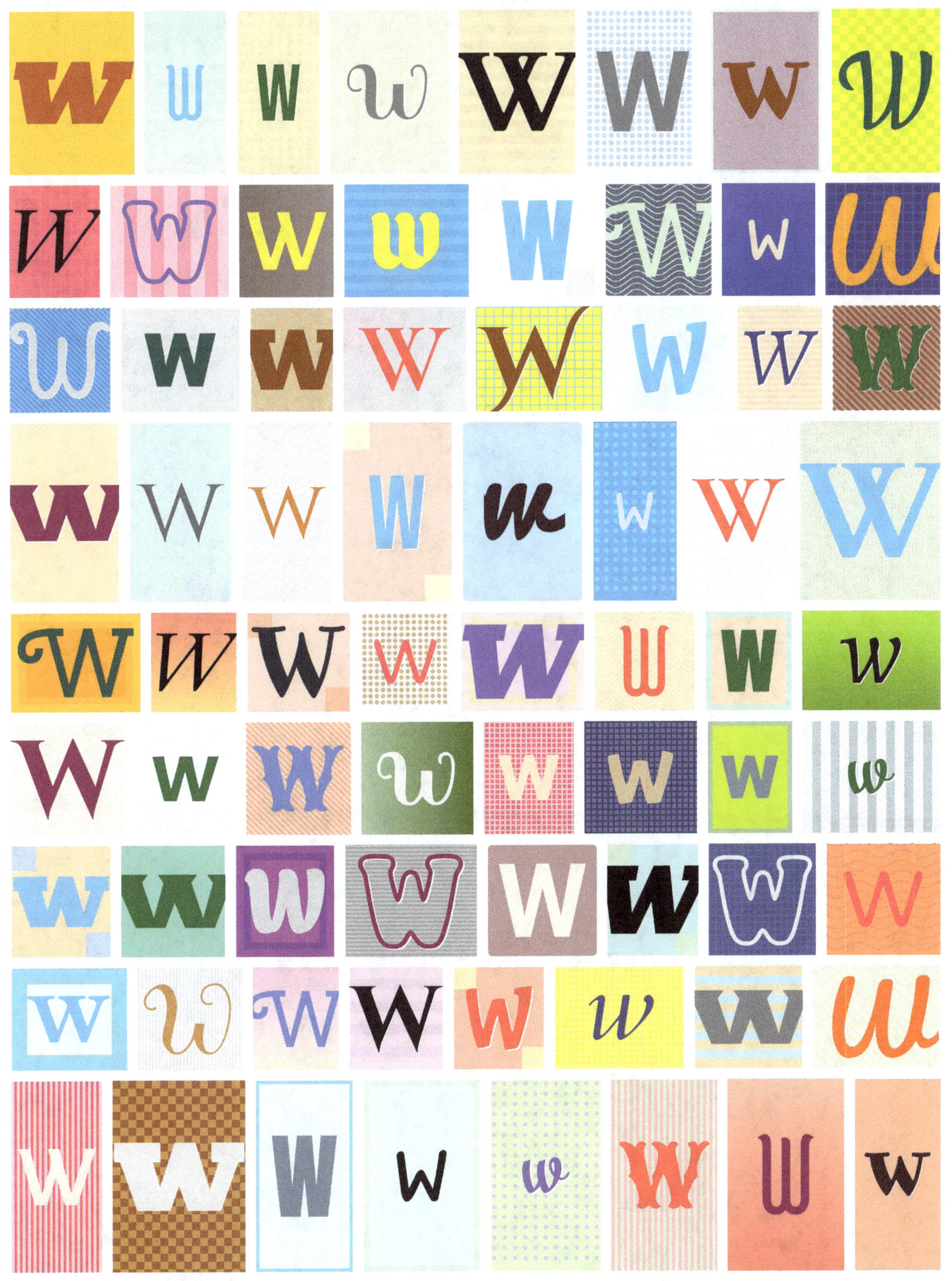

W

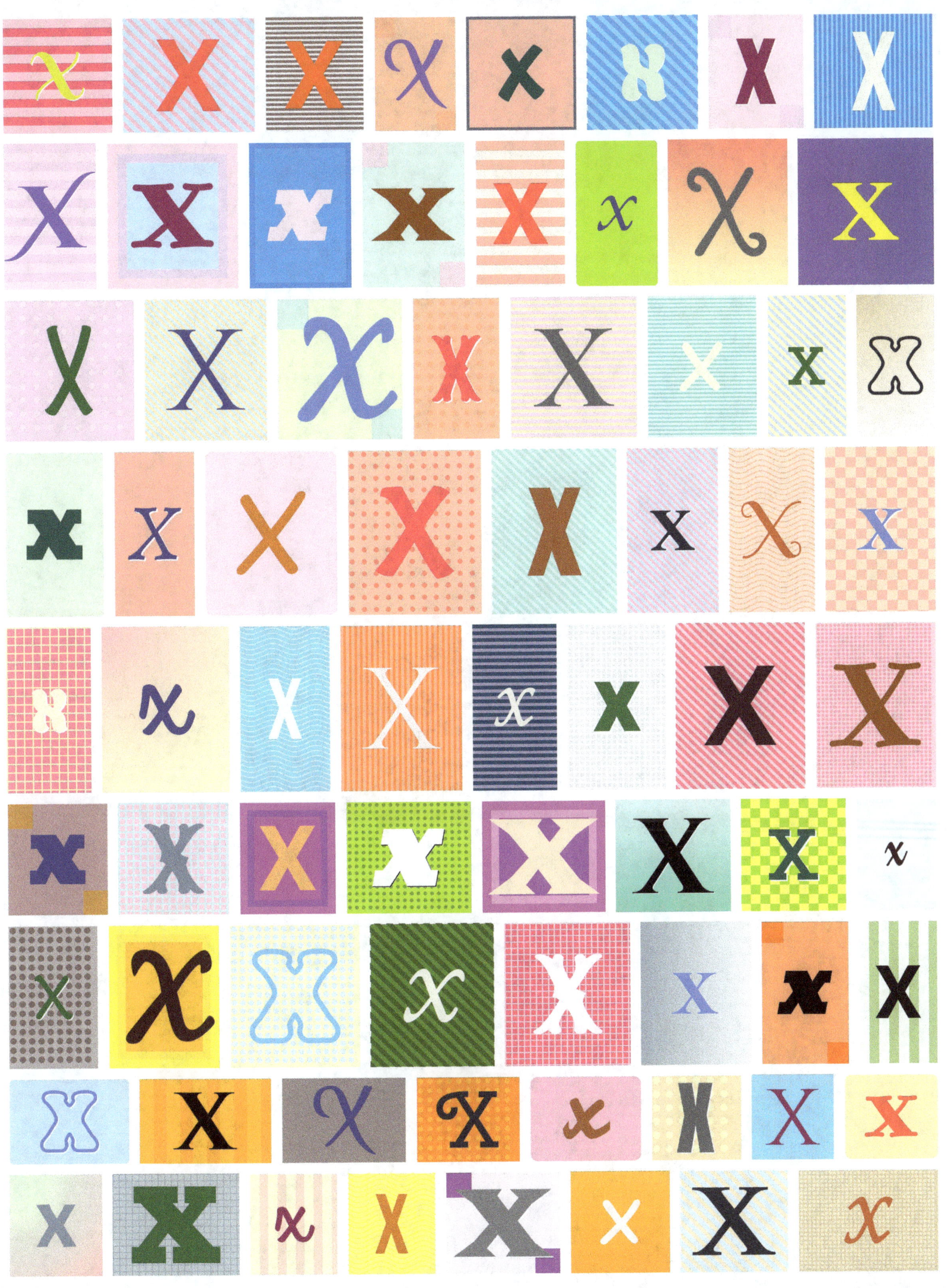

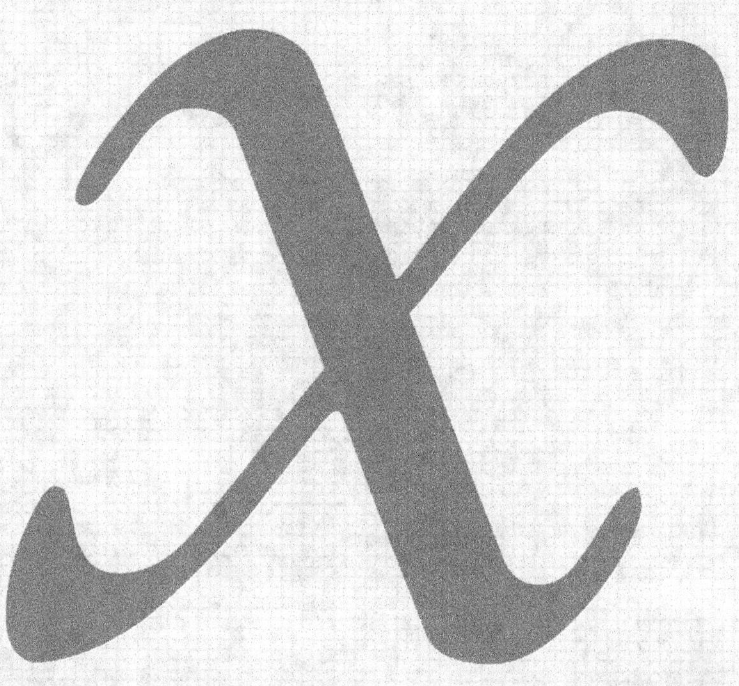

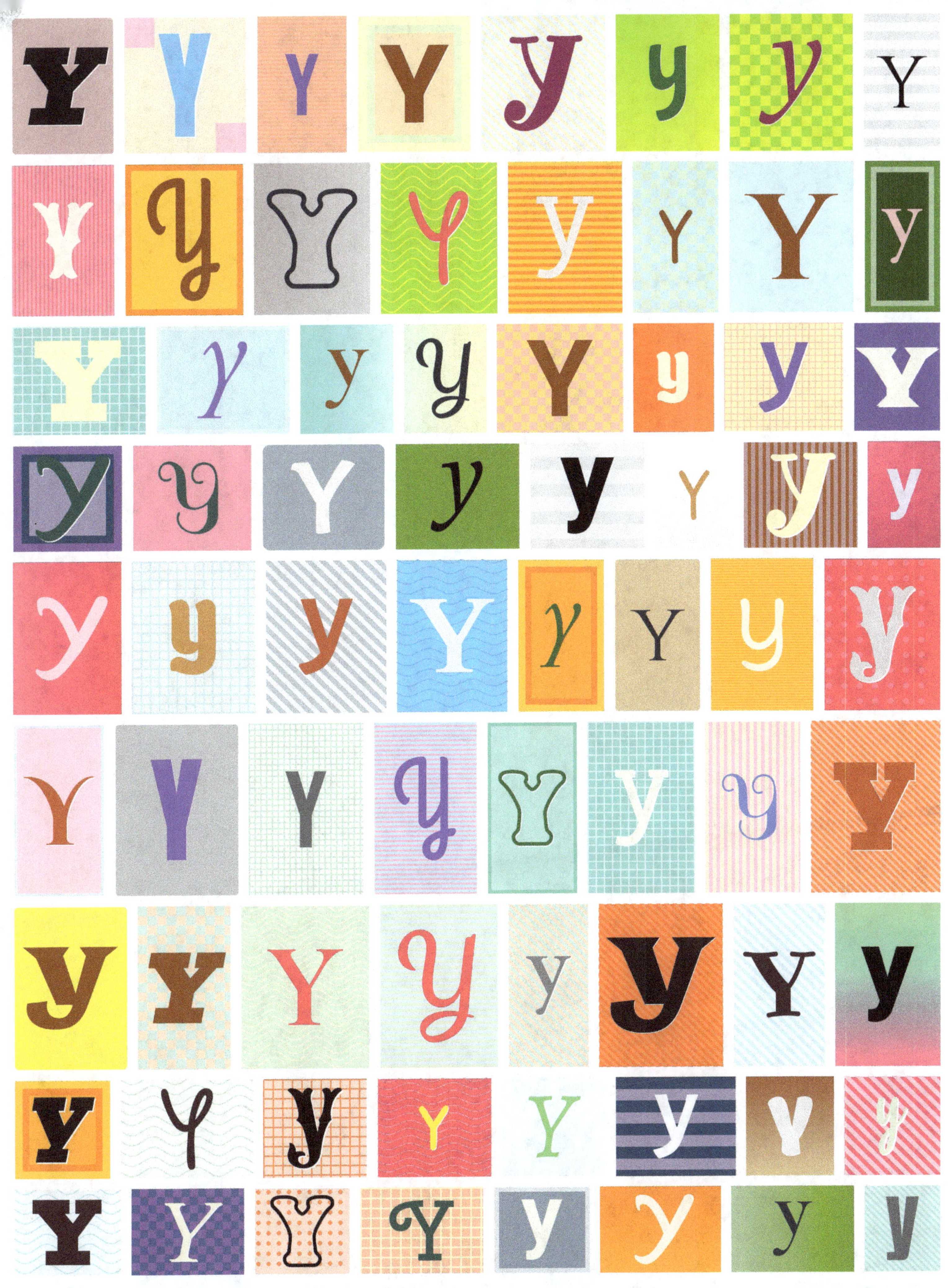

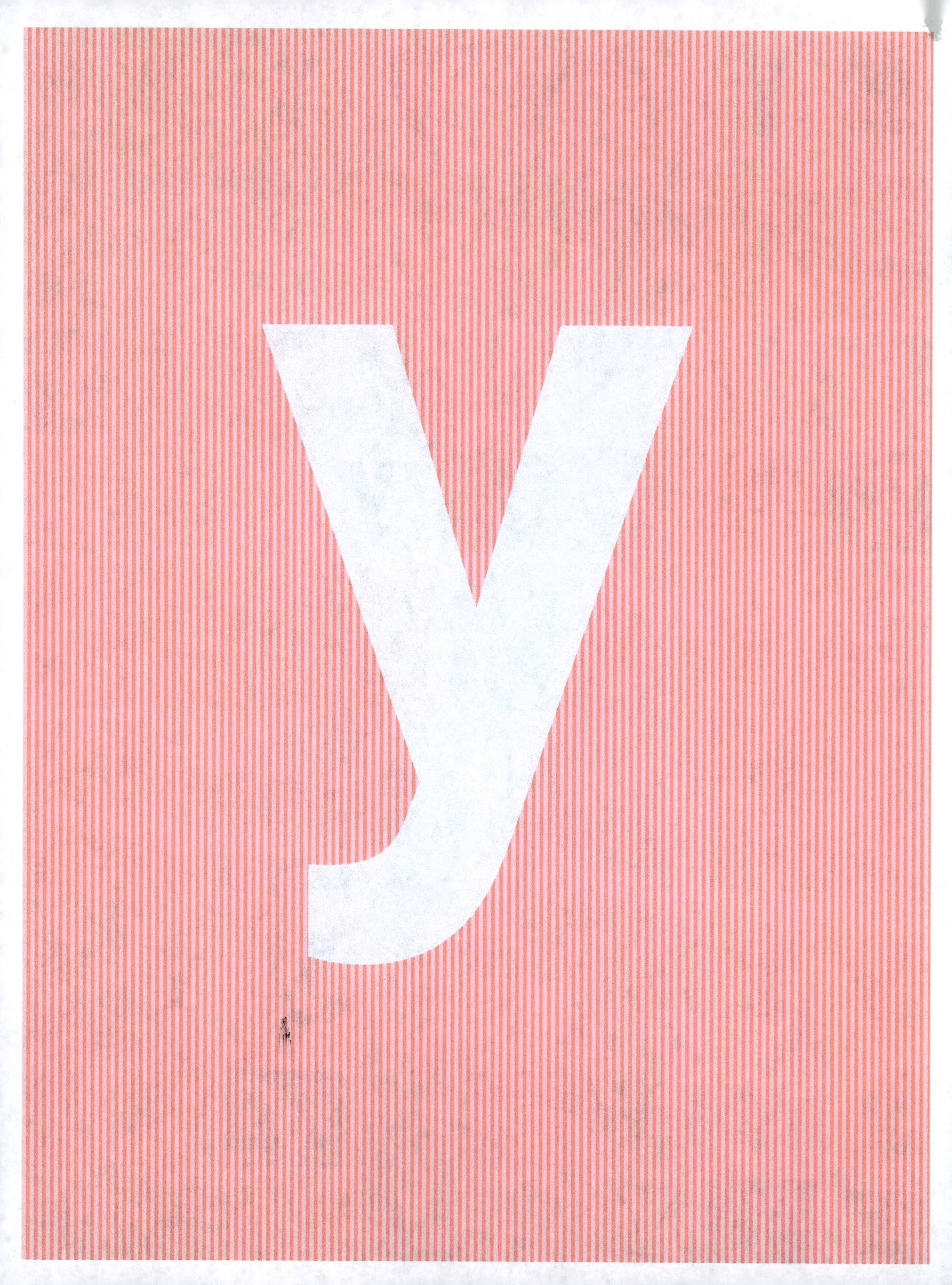

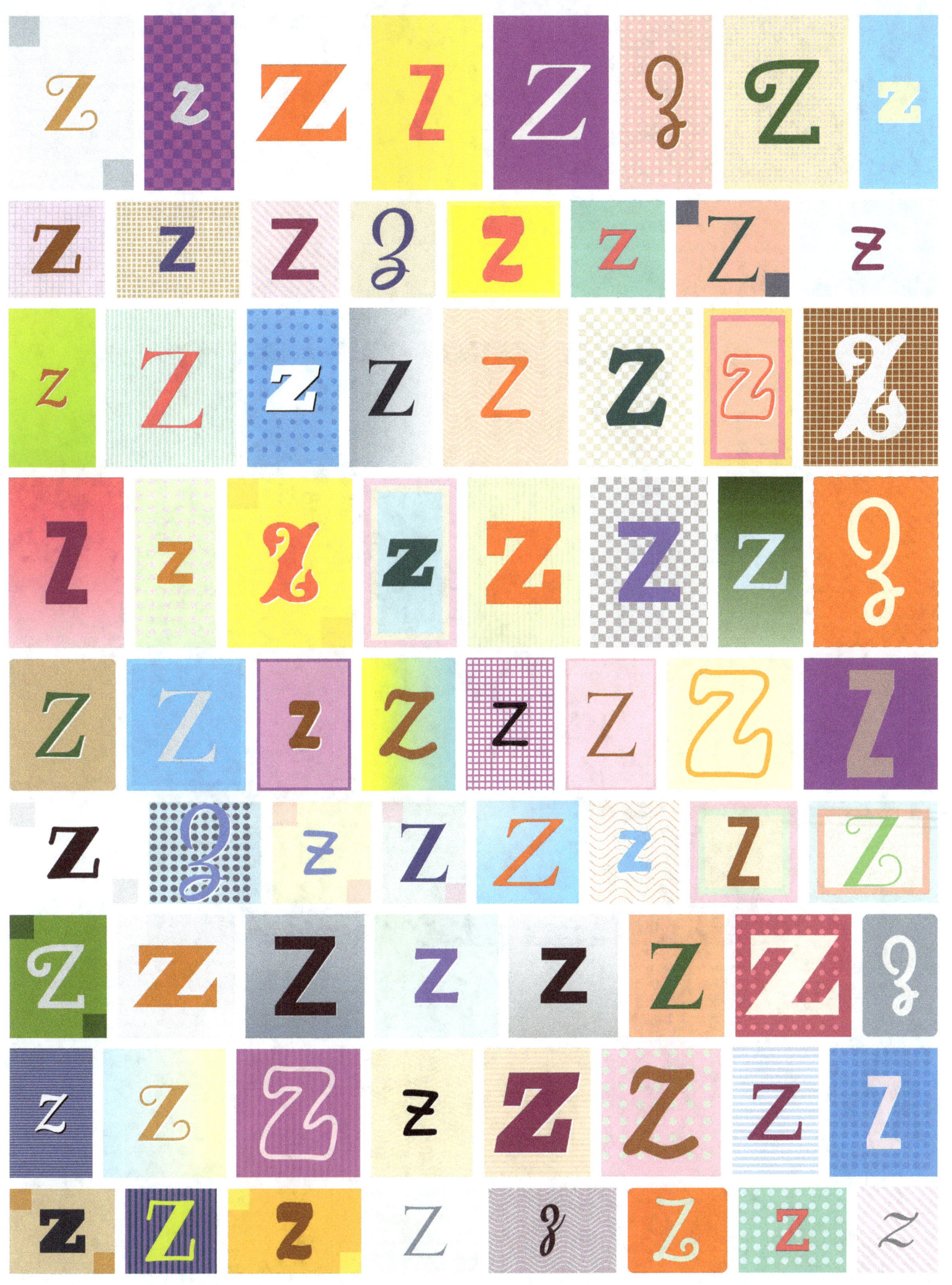

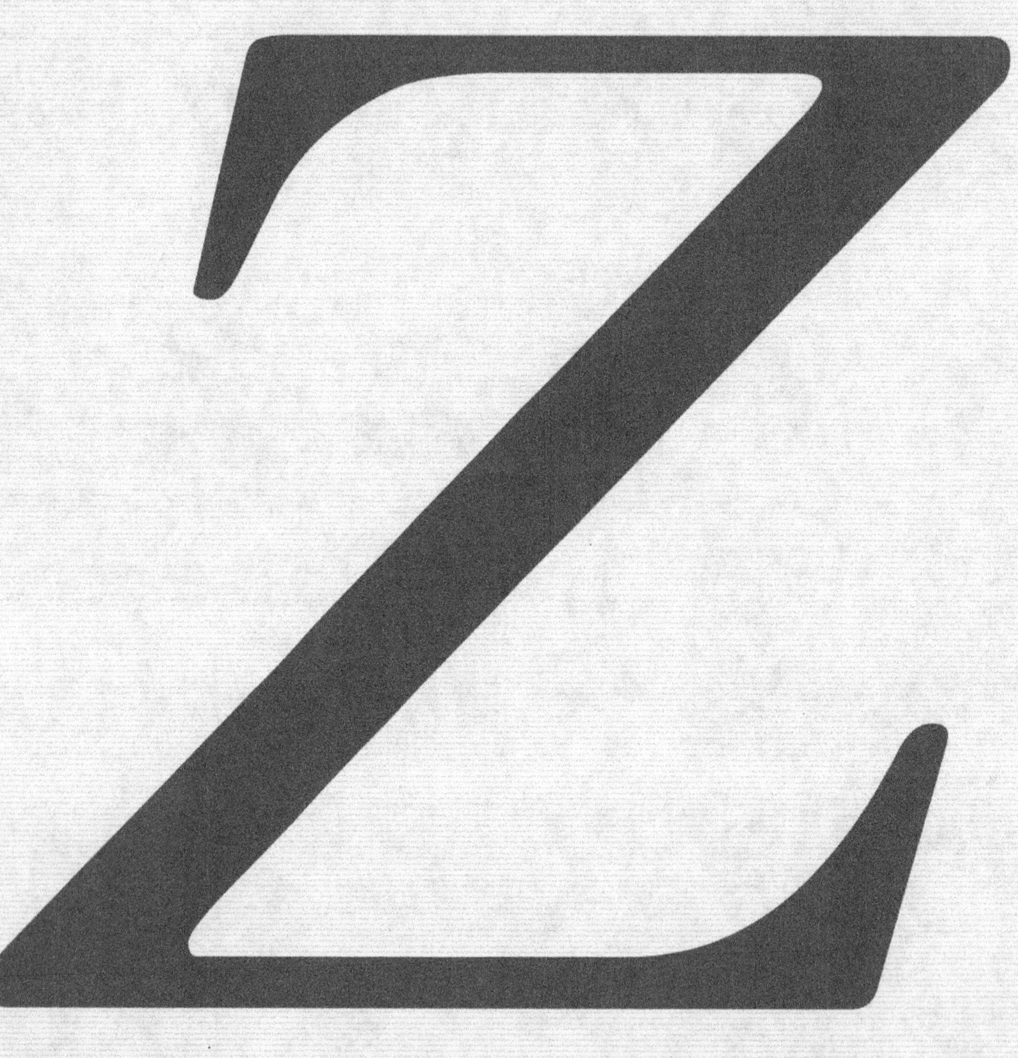

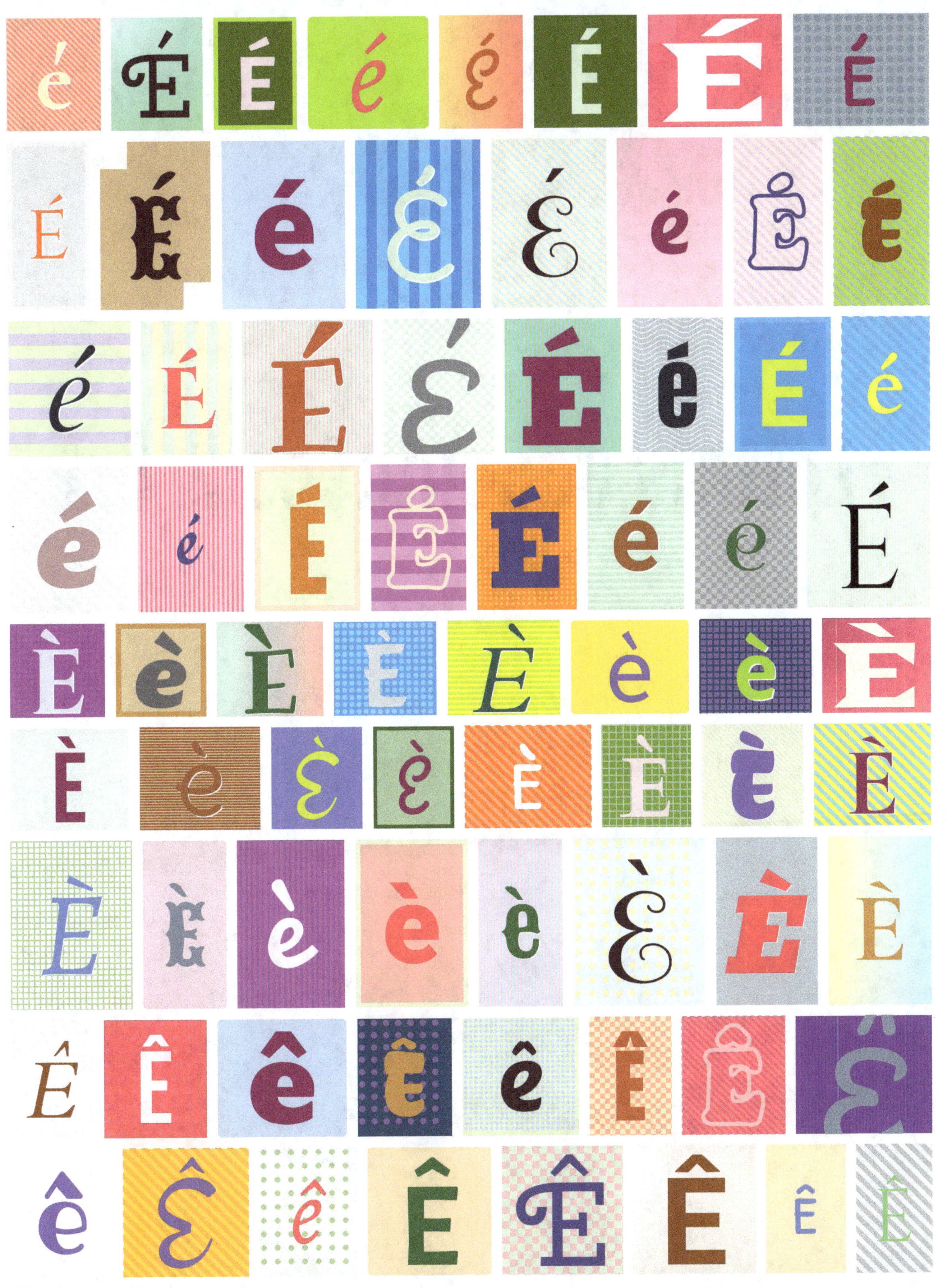

Lettres accentuées É, È, Ê

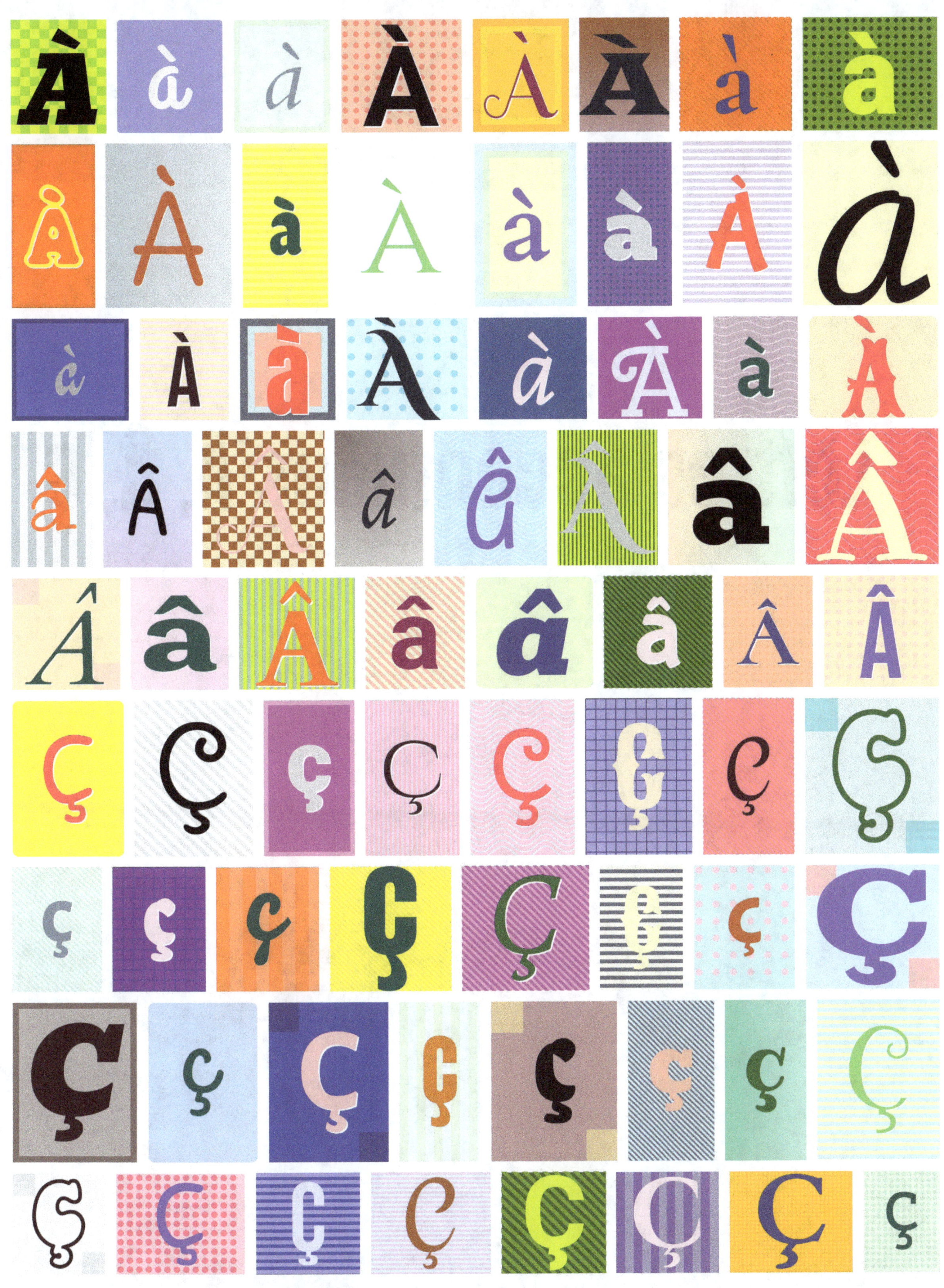

Lettres accentuées À, Â, ç

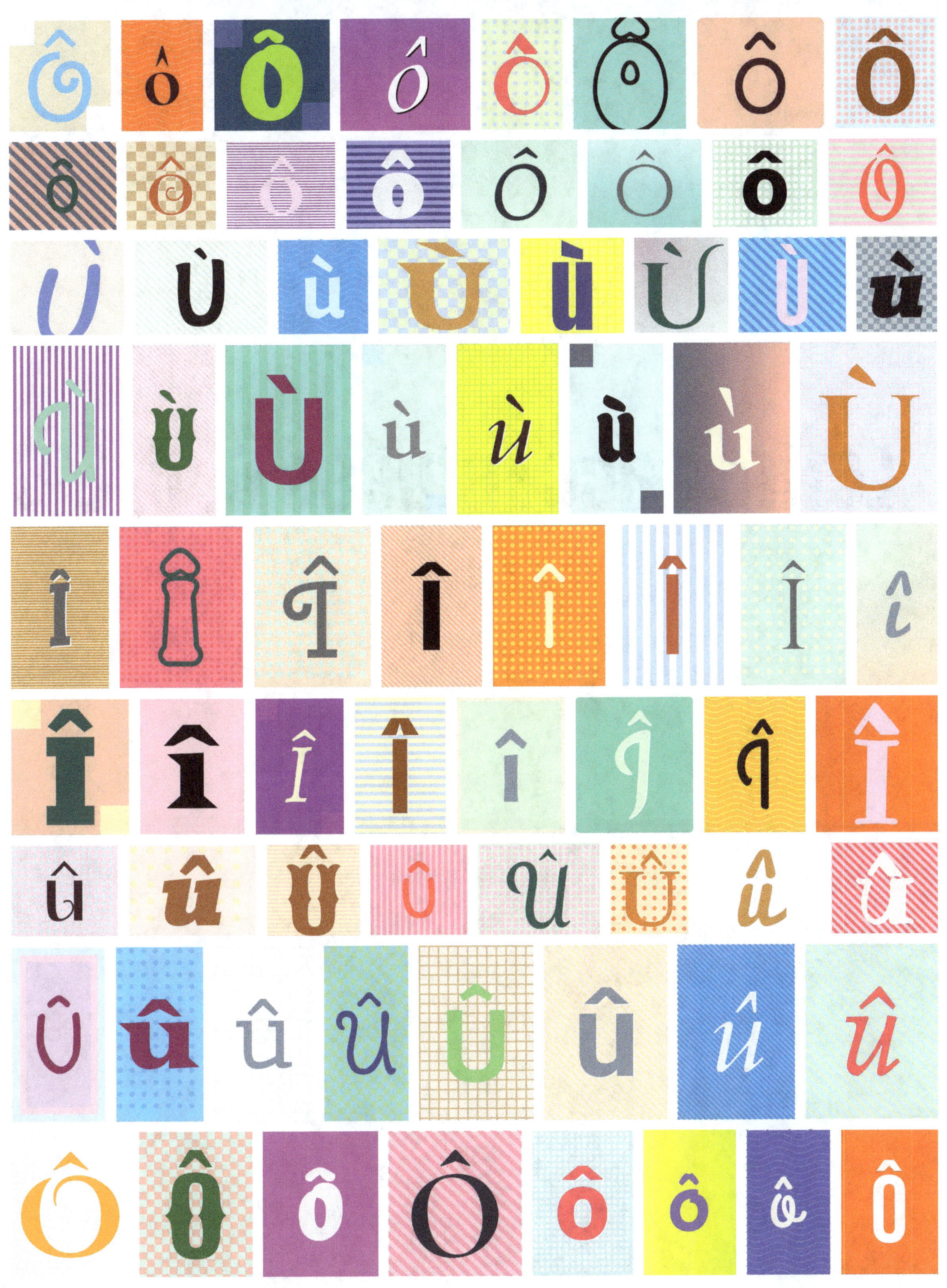

Lettres accentuées Ô, Ù, Î, Û

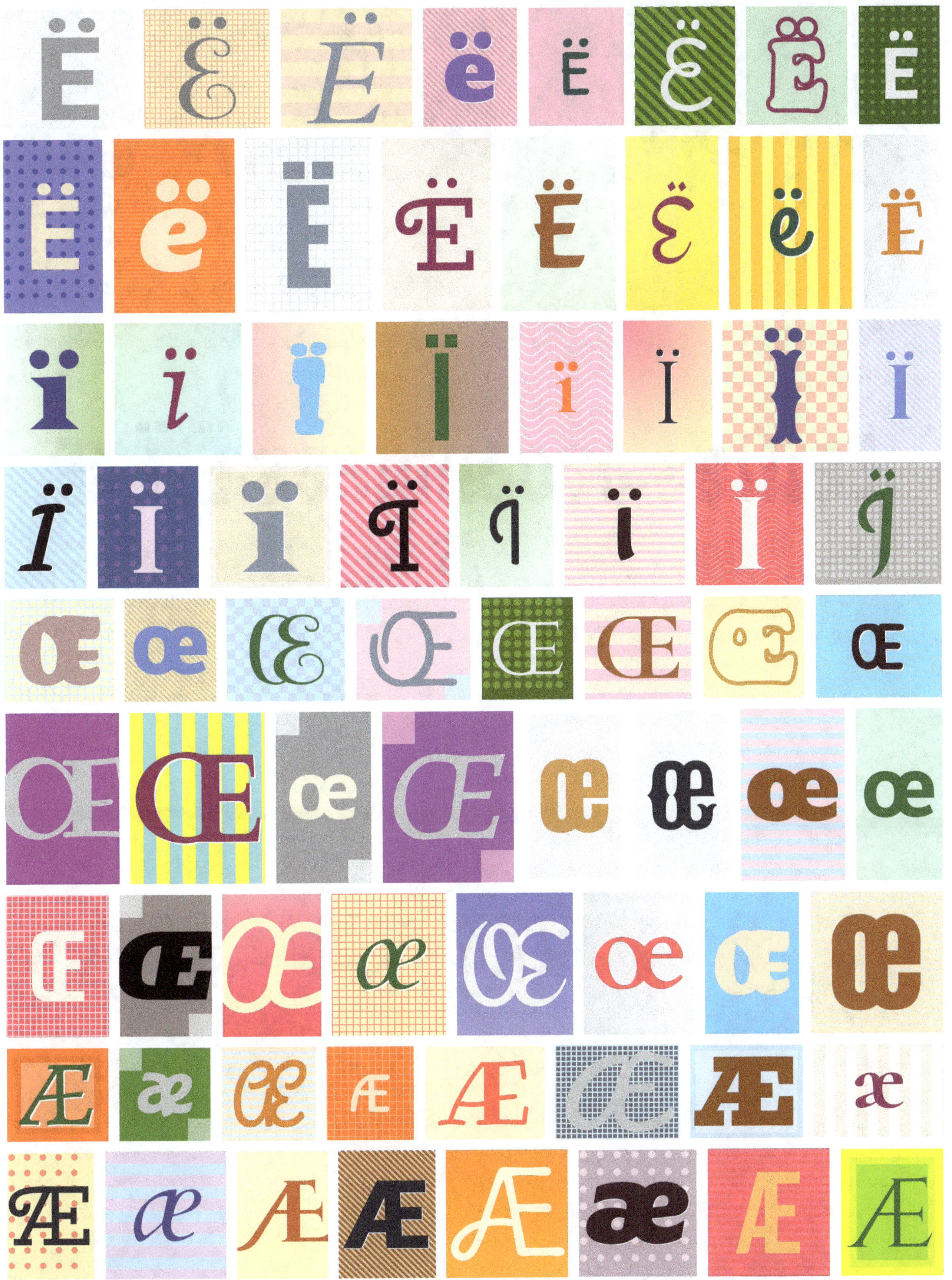

Lettres accentuées Ë, Ï, Œ, Æ

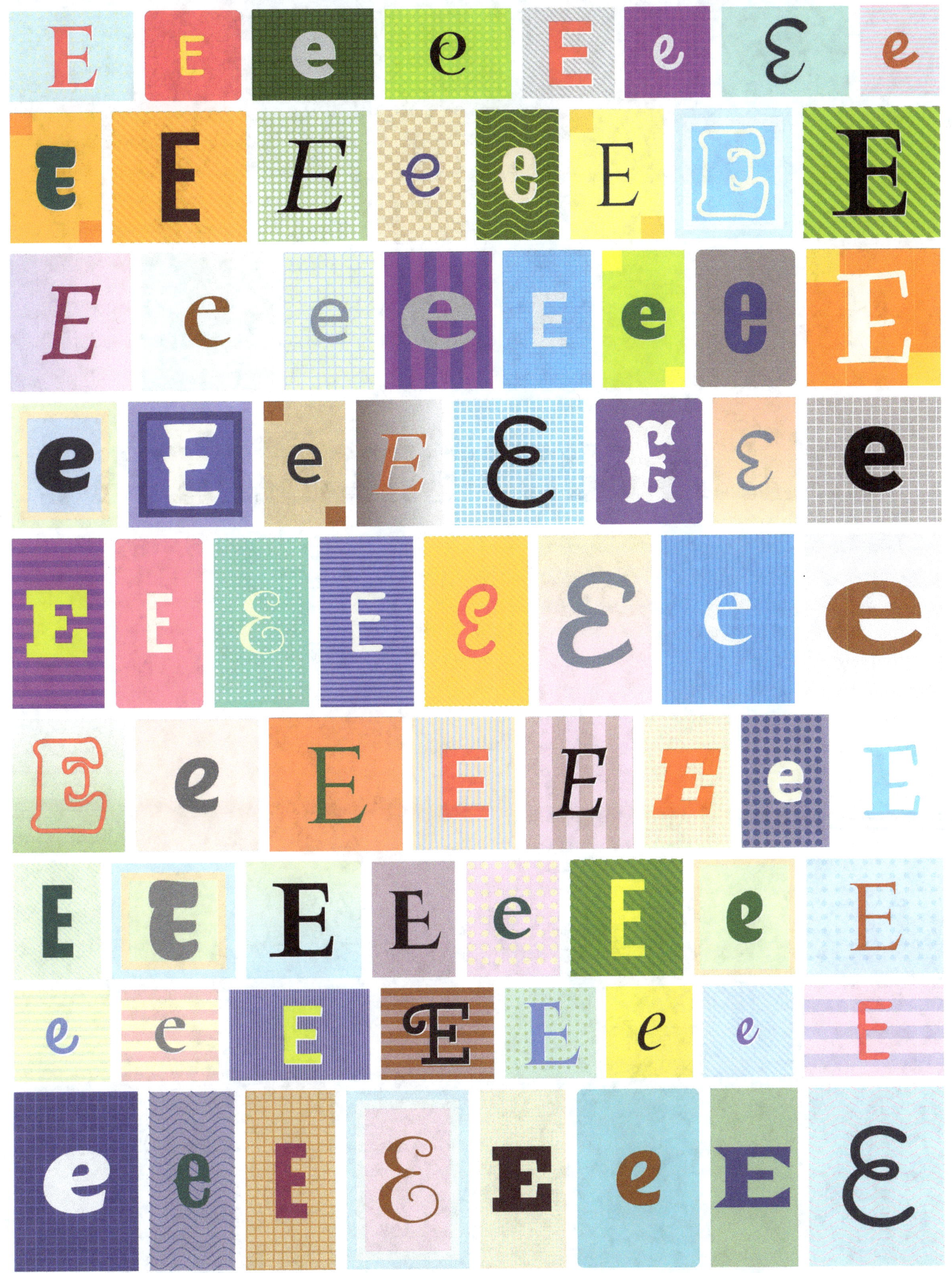

Lettres supplémentaires E

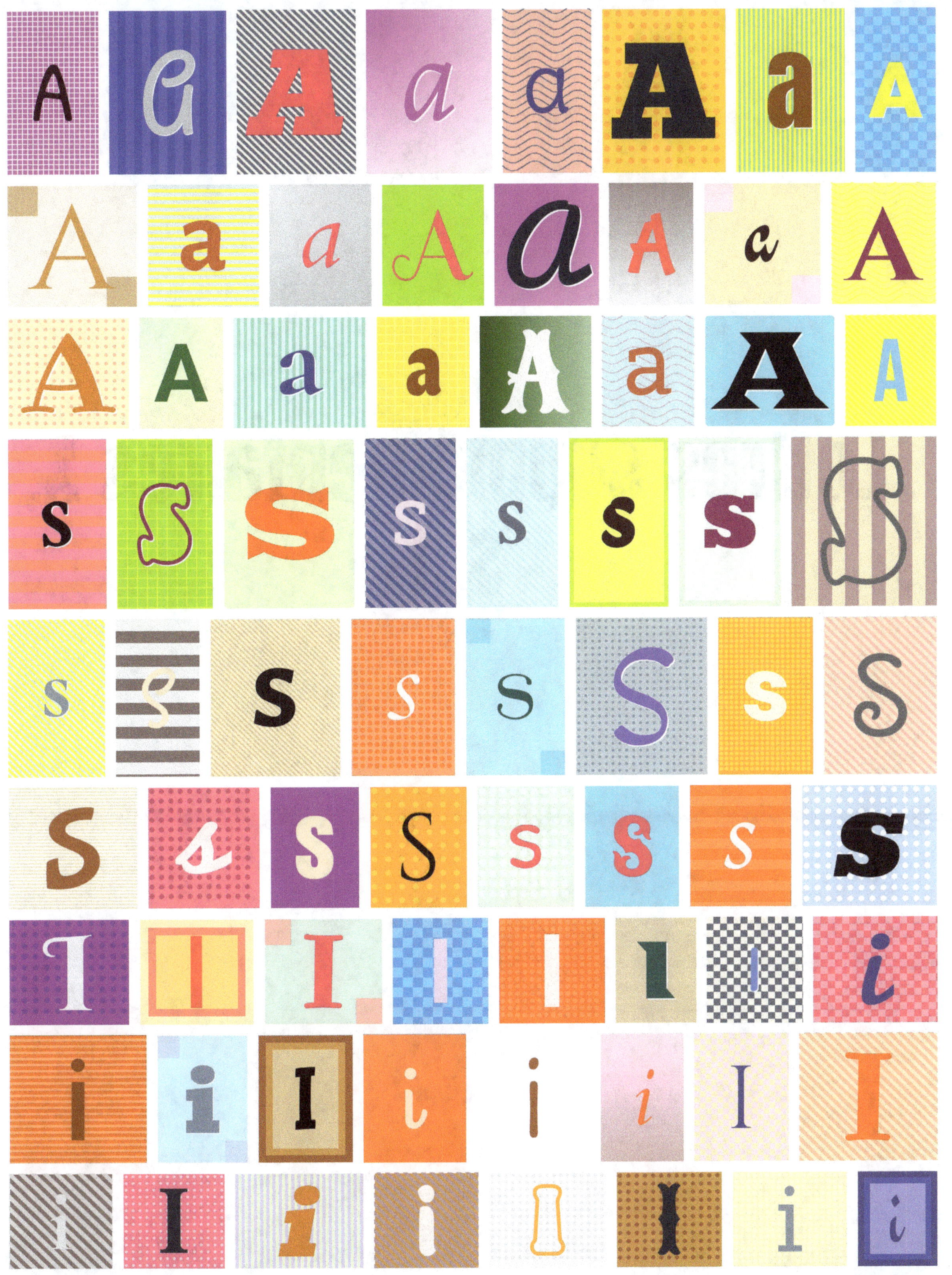

Lettres supplémentaires A, S, I

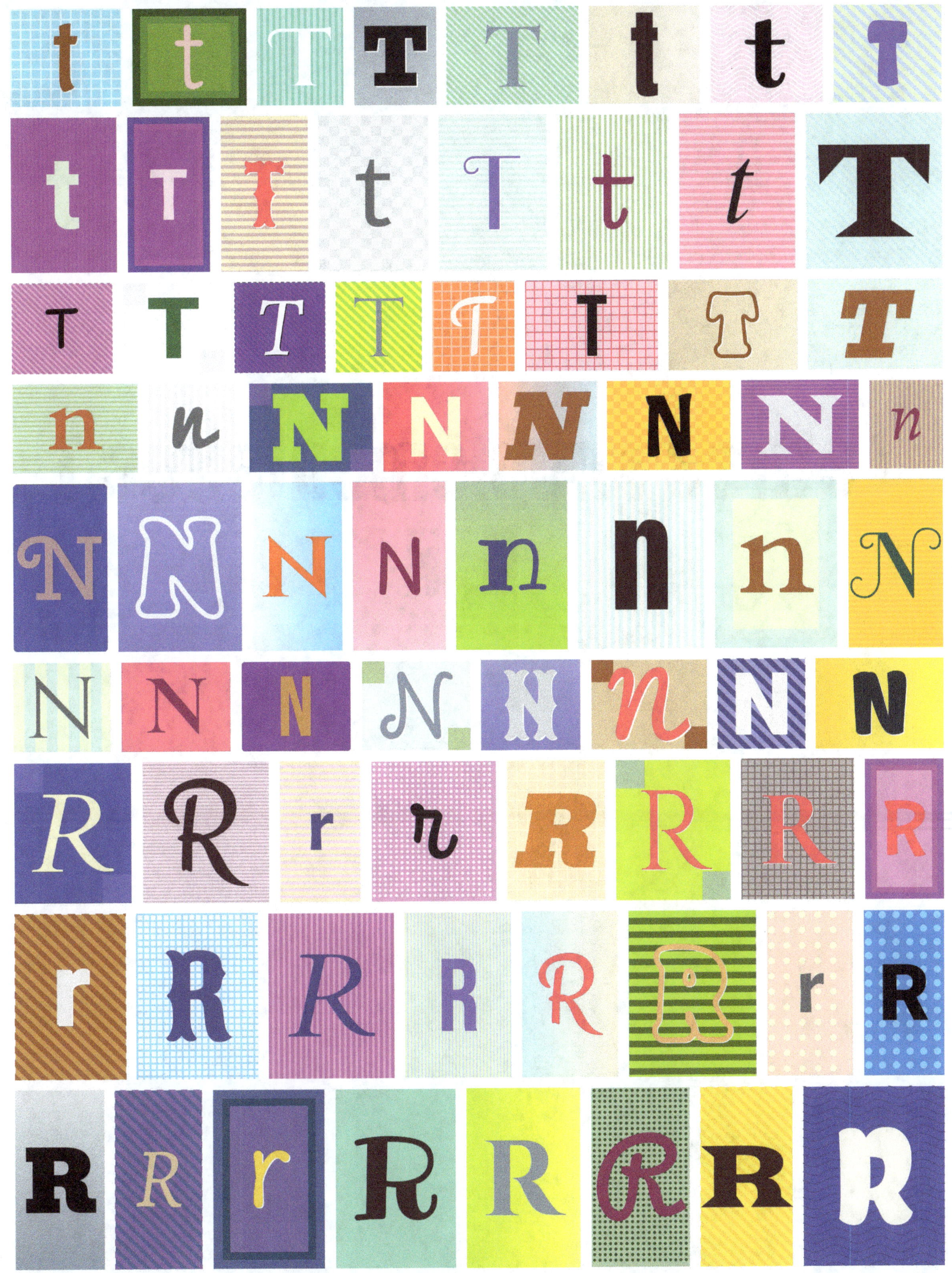

Lettres supplémentaires T, N, R

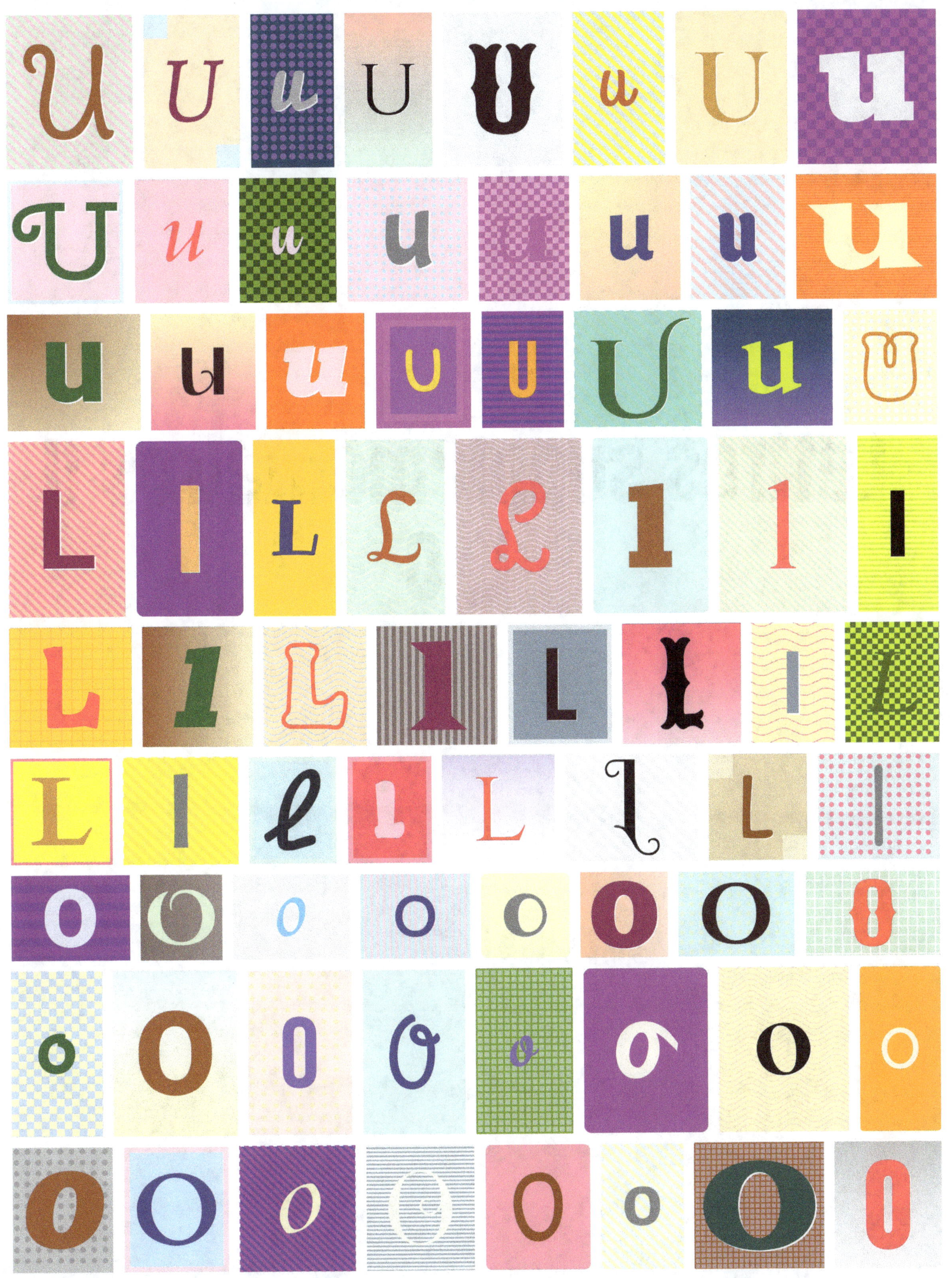

Lettres supplémentaires U, L, O

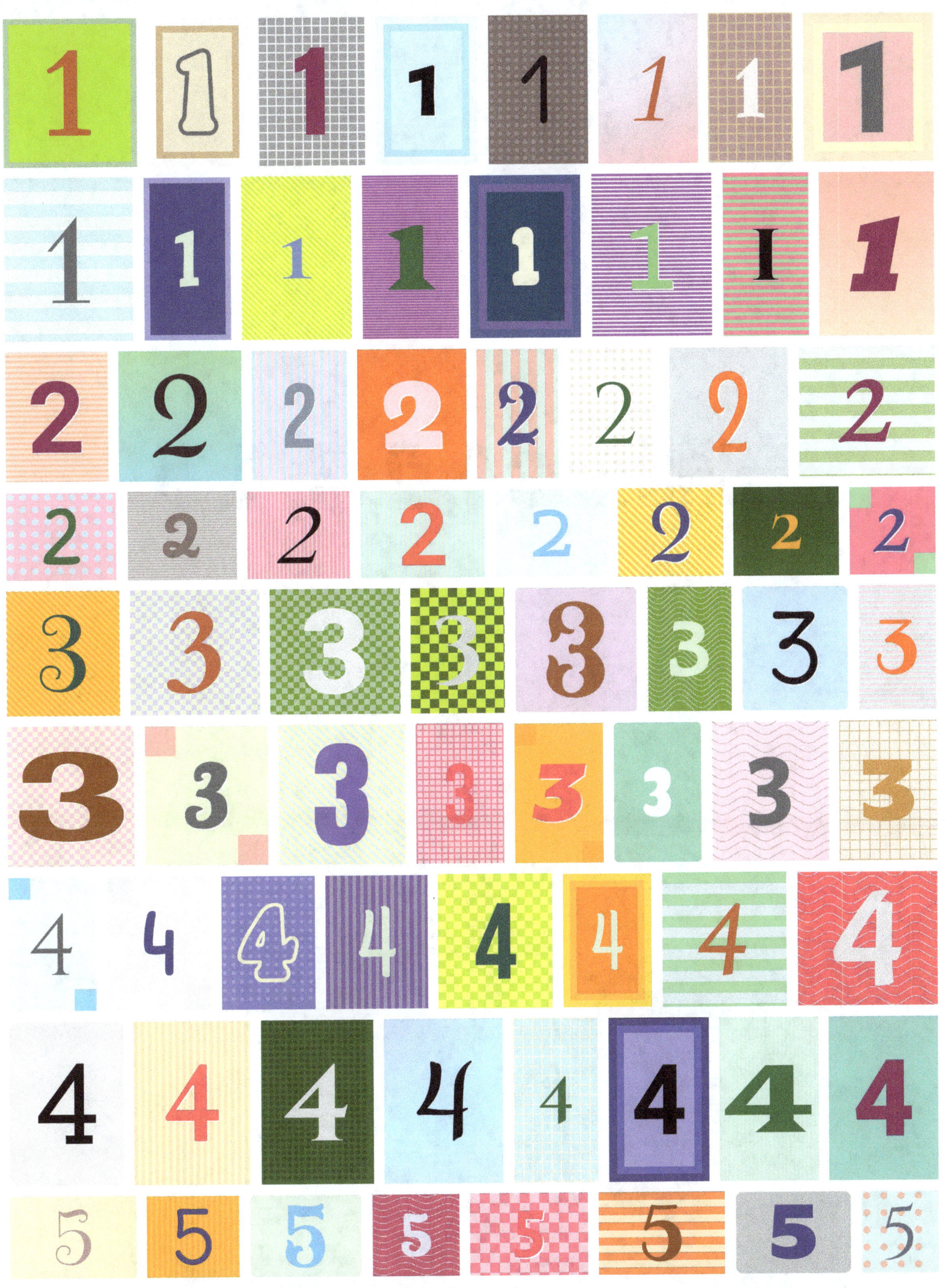

Chiffres 1, 2, 3, 4, 5

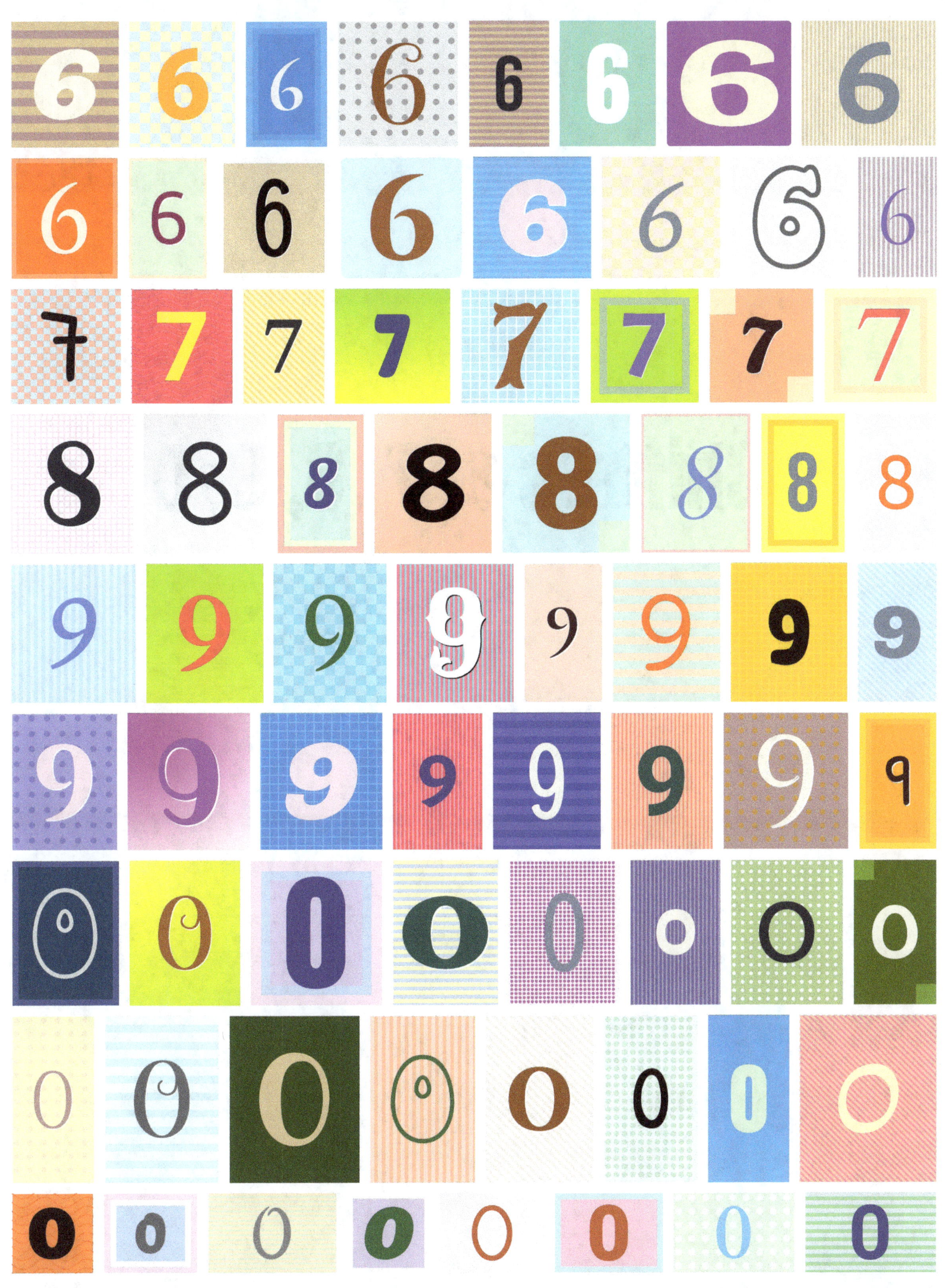

Chiffres 6, 7, 8, 9, 0

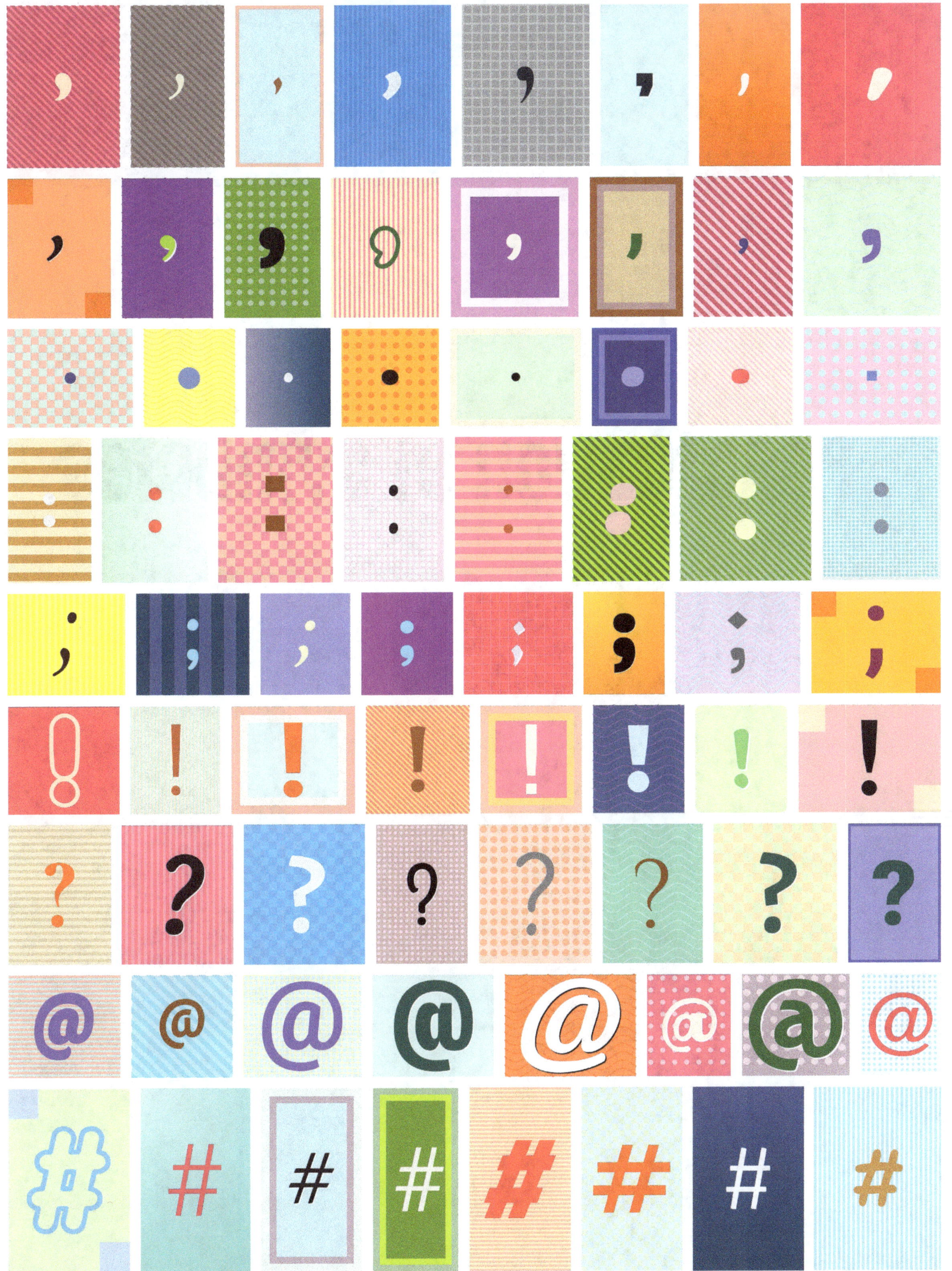

Ponctuation et symboles

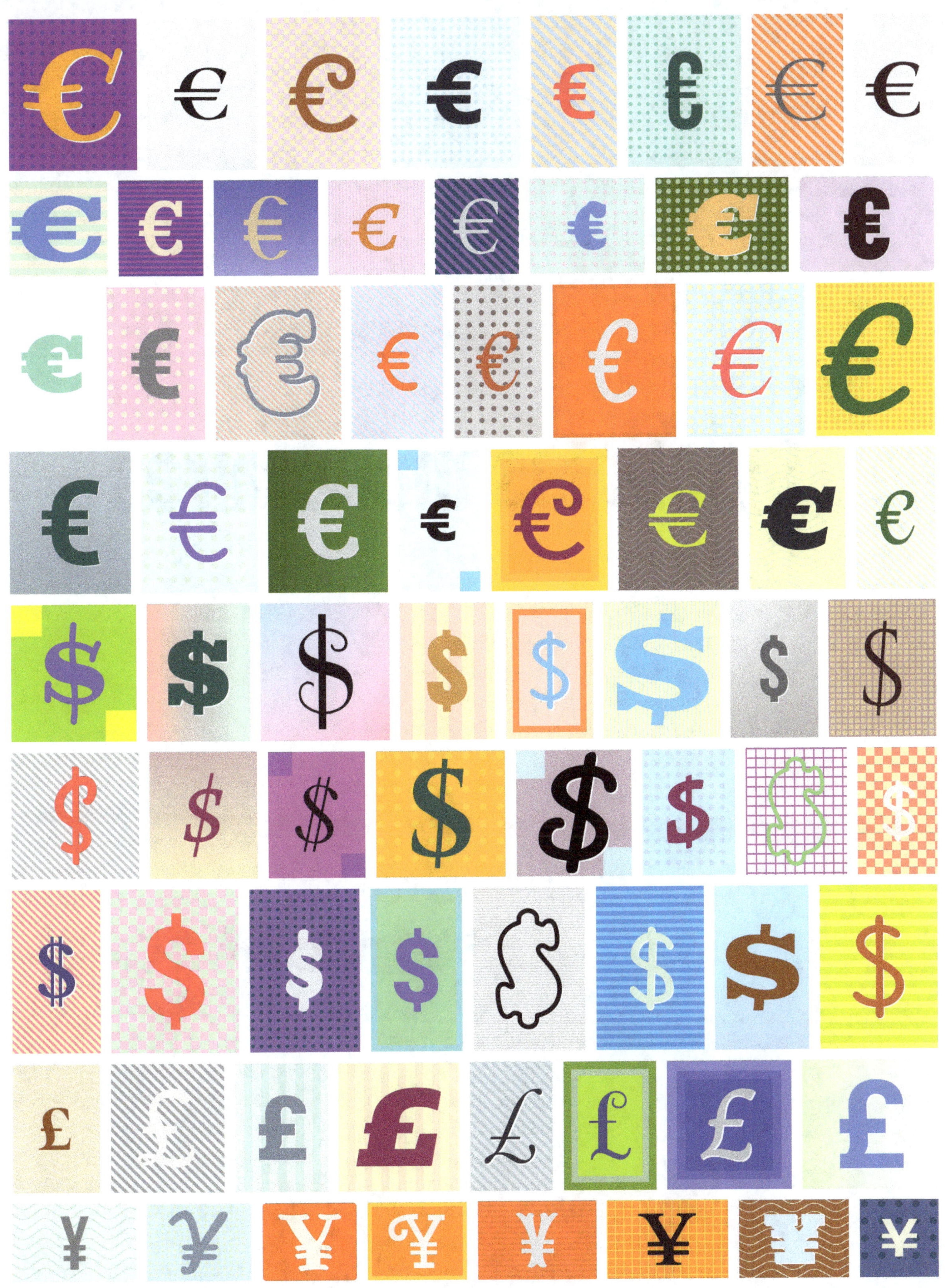

Symboles monétaires

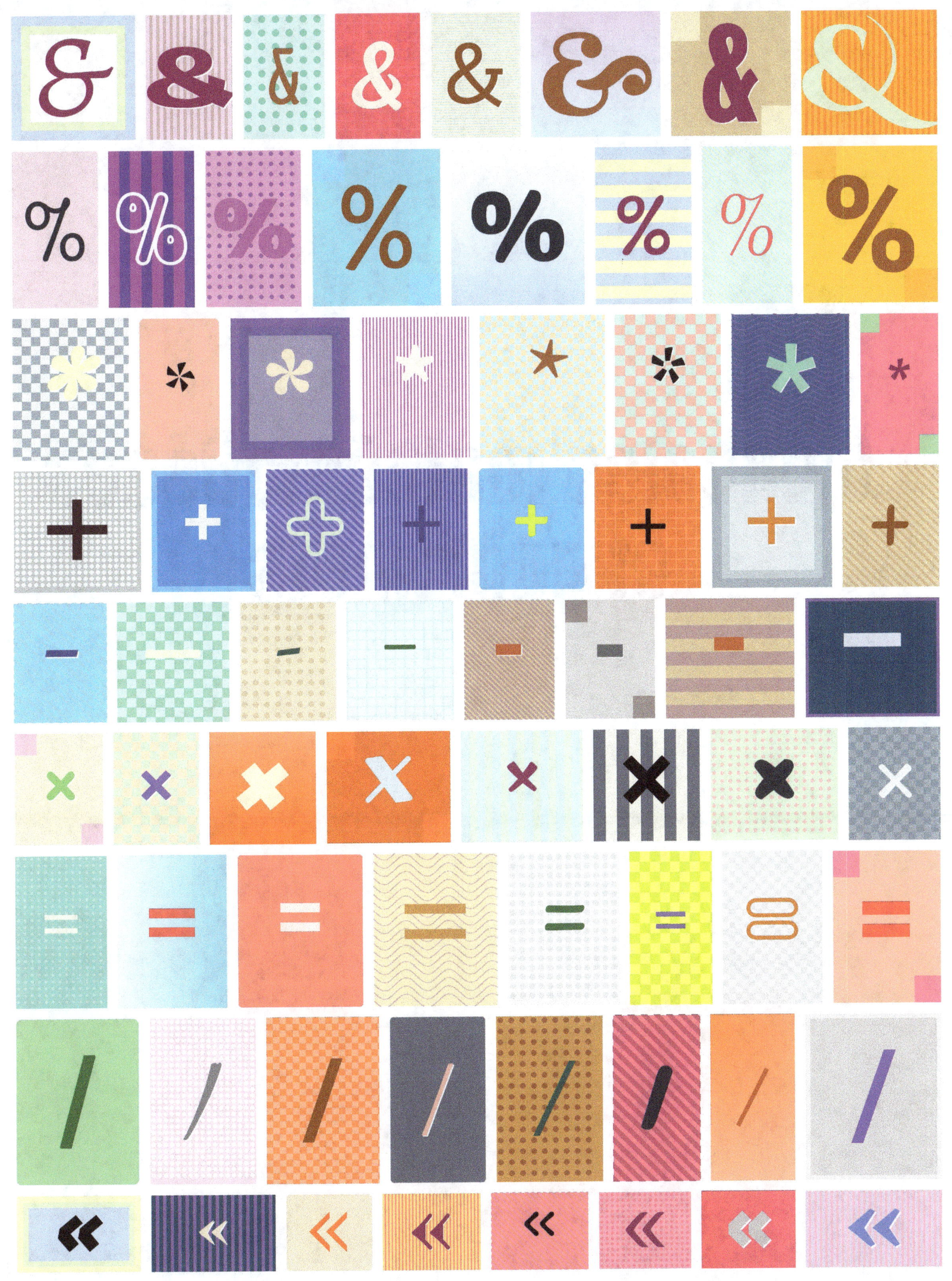

Symboles mathématiques et guillemets

LE LE LE

LE le le

LE LE LE

LA LA la

LA la la

LES LES LES

UN UN UN

UNE UNE UNE

de de DE

Mots courants : articles et prépositions

OUI OUI OUI

JE je JE

NON NON non

EST EST EST

SONT SONT ONT

va va VA

PAS pas PAS

si SI SI

à À à

Mots courants : verbes

joie JOIE

VIE VIE

ami AMI

bon bon

top TOP

BIEN bien

COOL COOL

BEAU BEAU

fier FIER

Mots positifs